LOI

DU 23 JUILLET 1820,

RELATIVE

A LA FIXATION DU BUDGET DES RECETTES

DE LA MÊME ANNÉE.

J. DECLE, Libraire, successeur de *L. Rondonneau*, et à présent seul propriétaire du dépôt des Lois, vend en collections et en feuilles détachées, les Édits, Arrêts et Lettres-Patentes des rois de France, avant 1789 ; — les Lois, Décrets, Arrêtés, Avis du Conseil d'Etat, et Ordonnances du Roi depuis 1789 jusqu'à ce jour. — Les cinq Codes, officiels et annotés ; — les Manuels, Traités et Recueils de Législation et de Jurisprudence ancienne et nouvelle; — donne en consultation la Législation ancienne et moderne, la Liste des Emigrés et les Echelles de dépréciation des divers départemens ; — reçoit les Abonnemens pour le Bulletin des Lois, et tous les Journaux ; — fait la Commission en Librairie dans tous les genres.

Les Etrangers peuvent s'adresser avec d'autant plus de confiance à l'établissement, que le propriétaire parle plusieurs Langues.

Il est un des Editeurs, et chargé exclusivement de la vente de la *Collection générale des Lois* depuis 1789 jusqu'au 1er janvier 1819, nouvelle Edition, imprimée à l'Imprimerie Royale, en 16 tomes ou 28 volumes, format in-8°, et de la Table générale, par ordre alphabétique, des Matières des Lois depuis 1789, jusqu'au 1er janvier 1819, en 5 vol. in-8. — Le prix de la Collection et de la Table générale, formant 33 vol. in-8°, est de 195 francs, pris à Paris.

LOI

DU 23 JUILLET 1820,

RELATIVE

A LA FIXATION DU BUDGET DES RECETTES

DE LA MÊME ANNÉE;

Suivie des dispositions textuelles de chaque article de la loi concernant les Contributions directes, avec l'exposé de leurs motifs, les Discussions auxquelles elles ont donné lieu dans la Chambre des Députés, et les Instructions du Ministre des finances pour leur exécution.

Par J. G. DULAURENS,

Directeur des Contributions directes du département du Rhône, Chevalier de l'ordre royal de la Légion d'honneur.

A PARIS,

Chez J. DECLE, Libraire, seul propriétaire actuel du Dépôt des Lois, place du Palais de Justice, n° 1.

1820.

AVIS DE L'AUTEUR.

Le seul désir d'être utile à l'administration à laquelle j'appartiens depuis plus de trente ans, m'avoit suggéré l'idée de refondre et de réunir dans un même Code, sous le titre de *Manuel des Contribuables*, les lois fondamentales, les arrêtés du gouvernement, et les instructions ministérielles sur les Contributions directes.

Ce Manuel, que je publiai pour la première fois en l'an 9, fut suivi, chaque année, d'un supplément qui contenoit les nouvelles lois, l'exposé de leurs motifs, les rapports officiels qui en précédoient la discussion dans les assemblées législatives, les instructions et les décisions d'un intérêt général émanées du ministère ; enfin les arrêtés des corps administratifs dont les dispositions pouvoient être adoptées partout sans inconvénient.

Le défaut de matières me força d'interrompre ces supplémens que j'avois fait paroître jusqu'en l'an 14 (1806), et que je n'aurois pu continuer sans y introduire une foule de détails inutiles ou de dispositions locales dont l'application générale eût été souvent dangereuse.

Cependant, depuis 1806, la législation avoit éprouvé beaucoup de changemens, et je fus invité, par l'administration elle-même, à publier une nouvelle édition du *Manuel*, pour servir de guide aux fonctionnaires employés dans les départemens réunis à la France.

A cette édition bientôt épuisée, succéda celle qui parut en 1817 : la dernière a été imprimée en 1819, et accueillie avec la même bienveillance (1).

La loi sur la fixation des recettes de 1820 renferme sur les contributions directes des dispositions assez importantes pour me donner lieu de croire que leur publicité ne sera pas sans intérêt, et ce motif m'a déterminé à livrer au public le Recueil que je fais paroître aujourd'hui.

Il présente en tête, le texte de la loi entière et le tableau général du montant des quatre contributions di-

____

(1) *Manuel des Contribuables*, ou Recueil contenant les Lois, Ordonnances et Instructions ministérielles, concernant les Contributions directes, etc., à l'usage des Préfets, Sous-Préfets et Maires, pour la répartition, etc.; par M. *Dulaurens*, 1 vol. in-8°, 4 fr. et 5 fr. franc de port. (*Se trouve au Dépôt des Lois*).

rectes, tant en principal qu'en centimes additionnels de toute nature , avec la destination distincte de leurs produits.

Chacun des articles de cette même loi, qui concerne particulièrement les Contributions directes, se trouve répété dans le corps de l'ouvrage avec les motifs qui l'ont dicté, les discussions auxquelles il a donné lieu dans la Chambre des Députés , et la copie littérale des instructions du Ministre. Les objets sont classés dans l'ordre que j'ai toujours suivi pour mes *Manuels*, de sorte que ceux qui ont le *Manuel* de 1819, pourront aisément, en s'y reportant, comparer les anciennes lois, et les anciennes instructions , avec les modifications qu'elles ont subies depuis cette époque, et se faire une juste idée de l'état actuel des choses.

Je dois déclarer au surplus que j'ai été conduit , par les observations judicieuses qui m'ont été faites, à l'idée d'insérer presque littéralement dans ce Recueil , les opinions qui ont été émises à la tribune législative, et dont l'authenticité a pour garantie les sources officielles où je les ai puisées. La plupart des questions qui, dans la dernière session, ont occupé l'attention des Chambres sont de nature à être reproduites dans la session prochaine. Les matériaux auront été disposés d'avance ; ils seront sous la main de ceux qui voudront en faire usage, et les personnes qui seront jalouses de consulter ces opinions et leurs développemens dans le texte même pourront facilement y recourir, d'après la précaution que j'ai eue d'en indiquer exactement les dates.

DULAURENS.

SOMMAIRE

DES OBJETS CONTENUS DANS CE RECUEIL.

Pages.

Avis de l'auteur. v

Loi relative à la fixation du budget des recettes de 1820. xiij

Tableau général des Contributions directes en principal et centimes additionnels de toute nature, avec la destination distincte de leurs produits. . . . . xxvj

CONTRIBUTION FONCIÈRE.

Texte des articles 19 *et* 20. — Répartition des Contributions foncière, personnelle et mobilière, et des portes et fenêtres. 1

Objet des Discussions relatives à la Contribution foncière. *Id.*

Discussions à la Chambre des Députés, concernant le dégrèvement définitif. 2

Discussions sur la communication aux Conseils généraux du tableau de l'évaluation du revenu imposable des départemens. 8

Discussions sur les *dépenses du cadastre* pour 1820. . . . 18

Texte de l'article 25. — Nouvelle *Répartition* entre les *Cantons* cadastrés, suspendue pour 1820. 31

Motifs de cette suspension. . . . . *Id.*

Texte de l'article 21. — Bois et autres propriétés devenus passibles ou exempts de la Contribution foncière. 33

Observations sur cet article extraites des différentes instructions ministérielles. . . . . *Id.*

Texte de l'article 22. — Observations sur cet article. . . . 35

Texte de l'article 23. — Observations sur cet article. . . . 36

Texte de l'article 24. — Observations sur cet article. . . . 37

Canaux de navigation. 38

Texte l'article 26. — Contribution foncière de ces canaux. . *Id.*

Observations sur cet article. . . . . *Id.*

Pages.

Circulaire ministérielle sur la Contribution foncière des Canaux. 40

CONTRIBUTION PERSONNELLE ET MOBILIERE.

Texte de l'article 27. — Nouveau mode de répartition de la
Contribution personnelle entre les arrondissemens et les
communes. 42
Motifs de ce nouveau mode. . . . . *Id.*
Texte de l'article 28. — Nouvelle fixation de la journée de
travail dans chaque commune. 43
Circulaire ministérielle sur la nouvelle fixation du prix de la
journée de travail. 44
Texte de l'article 29. — Nouveau mode de répartition de la
Contribution mobilière. 46
Discussions sur la séparation du contingent personnel et du
contingent mobilier dans les états de répartition. . . . 47
Discussions sur les valeurs locatives d'habitation. 53
Instruction ministérielle concernant l'évaluation des valeurs
locatives d'habitation. 62
Texte de l'article 30. — Nouveau mode de cotisation des
officiers sans troupe à la contribution personnelle et mo-
bilière. 68
Circulaire ministérielle sur ce nouveau mode de cotisation. *Id.*
Formalités pour le versement et la comptabilité des cotisa-
tions des officiers sans troupe. 69

PATENTES.

Texte des articles 11, 12, 13, 14, 15 et 16 — Dépenses des
Bourses et Chambres de commerce. 71
Circulaire ministérielle pour l'exécution de ces articles. . 73
Extrait de la Circulaire du Ministre de l'intérieur pour la
transmission des budgets des Chambres et Bourses de com-
merce pour 1820. 74
Discussions à la Chambre des Députés sur la Patente des
fabricans de papier. 75
Développemens de la proposition faite dans la session législa-

Pages.

tive de 1819, sur la patente des Mouliniers en soie, et fileurs de cocons de soie. 77

Texte des articles 20 *et* 21 de la Loi du 17 juillet 1819, concernant cette patente. 79

Loi du 10 juillet 1820, relative à une imposition additionnelle aux patentes pour l'achèvement de la Bourse de Paris. . *Id.*

Observations sur cette imposition extraordinaire. . . . . *Id.*

PERCEPTION.

Texte de l'article 31. — Vente par les commissaires-priseurs des meubles des contribuables en retard. 81

Discussions à la Chambre des Députés sur cet article. . . . *Id.*

Circulaire ministérielle, concernant la taxe des vacations des commissaires-priseurs pour les ventes des contribuables en retard.. 83

Extrait de la Loi du 14 *avril* 1819. — Compensation des rentes sur le grand-livre, avec le paiement des Contributions. 84

Extrait de l'ordonnance du Roi du 14 avril 1819, relative à l'exécution de cette loi. . . . . *Id.*

Extrait de l'instruction du Ministre des finances pour l'exécution de la loi et de l'ordonnance ci-dessus. 86

DIRECTION DES CONTRIBUTIONS DIRECTES.

Observations générales sur les matrices et rôles des contributions directes. 88

Nouveau modèle du rôle général des Contributions directes, et explication des différentes parties dont il se compose. 92

Formule de l'arrêté du rôle général. 95

Nouveau modèle de l'état général du montant des rôles, et explication de ses détails. 96

Nouveau modèle de la feuille d'avertissement à délivrer aux contribuables. 97

Feuille d'avertissement pour les rôles particuliers. — Circulaire ministérielle sur ces avertissemens. 100

Dispositions sur les rôles particuliers. — Extrait de la Circulaire du Ministre des finances du 25 juillet 1820. . . 101

Méthode à suivre pour la répartition entre tous les arrondissemens des traitemens et remises du receveur général et des receveurs particuliers. 102

Dispositions particulières pour les remises du receveur général et des receveurs particuliers sur les patentes. . . . 105

Texte de l'article 7. — Retenues proportionnelles sur les Traitemens, Remises et Salaires pour 1820. 107

Nouveau Tarif pour les retenues proportionnelles, d'après la réduction de moitié ordonnée en 1819, et maintenue pour 1820. . . . . Id.

Retenues pour les pensions de retraites des employés dépendans du Ministère des finances. 109

Augmentation du taux de ces retenues. . . . . Id.

Pièces exigées pour les pensions des employés et de leurs veuves. 110

Nouvelles dispositions sur les contributions des Electeurs et des Eligibles à la Chambre des Députés. . . . . . . Id.

Extrait de la Loi du 29 juin 1820, sur les élections. . . . Id.

LOI

Relative à la Fixation du Budget des Recettes de 1820.

Du 23 juillet 1820.

(Bulletin des Lois, n° 385).

LOUIS, par la grâce Dieu, ROI DE FRANCE ET DE NAVARRE, à tous présens et à venir, SALUT.

Nous avons proposé, les Chambres ont adopté, NOUS AVONS ORDONNÉ et ORDONNONS ce qui suit :

TITRE Ier.

Divers Droits et Perceptions.

ART. 1er. Les dispositions des lois auxquelles il n'est pas dérogé par la présente et qui régissent actuellement la perception des droits d'enregistrement, de timbre, de greffe, d'hypothèque, de passe-port et permis de port d'armes ; des droits de douanes, y compris celui sur les sels ; des contributions indirectes, des postes, des loteries, des monnoies et droits de garantie, de la taxe des brevets d'invention, des droits de vérification des poids et mesures, du dixième des billets d'entrée dans les spectacles, d'un quart de la recette brute dans les lieux de réunion et de fête où l'on est admis en payant, et d'un décime pour franc sur ceux de ces droits qui n'en sont point affranchis, sont et demeurent maintenues.

La loi du 29 mars 1798 (9 germinal an 6) sur la loterie continuera d'être exécutée selon sa forme et teneur.

2. Les droits et remises attribués aux greffiers des tribunaux civils et de commerce par la loi du 21 nivôse au 7, seront perçus par eux directement des parties qui en sont tenues ; mais les receveurs de l'enrégistrement mentionneront désormais en toutes lettres, dans la relation au pied de chaque acte, 1° le montant des droits de greffe appartenant au trésor, 2° le montant de la remise qui revient au greffier pour l'indemnité qui lui est allouée par la loi.

3. Dans les communes qui, en vertu de l'art. 152 de la loi du 28 avril 1816, ont été ou seront soumises à un octroi de banlieue, les boissons seront admises en entrepôt, aux mêmes conditions que dans l'intérieur de la ville.

Dans la banlieue de Paris, les entrepositaires et marchands en gros d'eau-de-vie, esprits et liqueurs, seront soumis à l'exercice de détail ; mais ils jouiront des déductions portées en l'article 87 de la loi du 25 mars 1817.

4. Le droit de fabrication, sera restitué sur les bières qui seront expédiées à l'étranger ou pour les colonies françaises.

5. Indépendamment du droit de timbre auquel les journaux sont assujettis par l'article 70 de la loi sur les finances du 28 avril 1816, il continuera d'être perçu un centime et demi par feuille sur ceux qui sont imprimés à Paris, et un demi-centime sur ceux qui sont imprimés dans les départemens.

6. Le Gouvernement continuera, pendant une année, d'être autorisé, conformément à la loi du 4 mai 1802 (14 floréal an 10), à établir des droits de péage, dans le cas où ils seront reconnus nécessaires pour

concourir à la construction ou à la réparation des ports, écluses ou ouvrages d'art à la charge de l'Etat, des départemens et des communes : il en fixera les tarifs et le mode de perception, et en déterminera la durée, dans la forme usitée pour les règlemens d'administration publique.

7. Continueront d'avoir lieu pour l'année 1820, sur le même pied que pour les six derniers mois de 1819, les retenues proportionnelles sur les traitemens, remises et salaires, qui ont été prescrites par les articles 78 et 79 de la loi du 28 avril 1816 et par l'article 136 de la loi du 25 mars 1817.

8. Sont néanmoins exemptés de ladite retenue, les traitemens des agens du ministère des affaires étrangères pendant leur résidence hors du royaume.

9. Les redevances sur les mines continueront à être perçues conformément aux lois existantes.

10. Les entreposeurs des poudres en Corse, et les gardes-magasins des poudres à Paris et à Lyon, fourniront un cautionnement en numéraire pour la sûreté de leur gestion. Ce cautionnement est réglé à trois mille francs pour chacun des entreposeurs et pour chacun des gardes-magasins.

11. Continueront d'être perçues les contributions spéciales destinées à subvenir aux dépenses des bourses et chambres de commerce, ainsi que les revenus spéciaux accordés auxdits établissemens, et aux établissemens sanitaires.

12. Celles des contributions ci-dessus qui sont à la charge des patentables, seront réparties sur ceux de première et deuxième classe, et sur tous ceux qui, étant

placés hors de classe , paieront un droit fixe de patente égal ou supérieur à celui desdites classes.

Les associés des maisons de commerce qui, aux termes de l'article 69 de la loi du 25 mars 1817, ne paient qu'un demi-droit fixe, les associés des fabricans à métier, et filatures de laine et de coton, qui, d'après la même loi, ne sont assujettis qu'à un droit proportionnel, contribueront aux frais des chambres de commerce, lorsque le droit fixe de patente de l'associé principal sera égal ou supérieur à celui de la deuxième classe.

13. Dans un département où il n'y aura qu'une chambre de commerce, le rôle comprendra les patentables de tout le département désignés en l'article 12 ci-dessus.

S'il y a dans le même département plusieurs chambres de commerce, le rôle de chacune d'elles comprendra les patentables également désignés en l'article 12, qui font partie de l'arrondissement dans lequel elle est située.

Néanmoins, sur les observations des chambres de commerce, la circonscription de chacune d'elles sera fixée par des ordonnances royales.

Une ordonnance royale déterminera pareillement la circonscription d'une chambre de commerce qui sera commune à des parties de plusieurs départemens.

14. Le rôle relatif aux frais d'une bourse de commerce ne comprendra que les patentables de la ville où elle est établie, désignés en l'article 12 de la présente loi.

15. La taxe pour le paiement des frais des chambres et bourses de commerce portera sur le principal de la cote de patente, consistant dans le droit fixe et le

droit proportionnel. Il sera ajouté cinq centimes à cette taxe pour subvenir aux non-valeurs.

16. Des ordonnances royales fixeront , chaque année, les sommes à imposer pour subvenir aux dépenses des chambres et bourses de commerce.

Cette fixation aura lieu , savoir : sur la proposition des chambres de commerce pour leurs frais, et sur la proposition desdites chambres, ou, à leur défaut, sur la proposition des conseils municipaux, pour les frais des bourses de commerce. Des ordonnances royales règleront la forme de la comptabilité et de la vérification de l'emploi des deniers.

17. Continueront également d'être perçus.

1º Les droits établis par l'article 16 des lettres-patentes du 10 février 1780, et par l'article 42 de l'arrêté du Gouvernement du 25 thermidor an 11 (13 août 1803), pour les frais de visite chez les pharmaciens , droguistes et épiciers :

Ne seront pas néanmoins soumis au paiement du droit de visite, les épiciers non droguistes chez lesquels il ne seroit pas trouvé des drogues appartenant à l'art de la pharmacie ;

2º Les diverses rétributions imposées en faveur de l'université sur les établissemens particuliers d'instruction et sur les élèves qui fréquentent les écoles publiques, à l'exception du droit décennal établi par l'article 27 du décret du 17 septembre 1808, lequel demeure supprimé ;

3º Les taxes imposées, avec l'autorisation du Gouvernement , pour la conservation et la réparation des digues et autres ouvrages d'art intéressant les communautés de propriétaires et d'habitans, et les taxes pour les travaux de dessèchement autorisés par la loi du 17 septembre 1807 ;

4° Les sommes réparties sur les Israélites de chaque circonscription pour le traitement des rabbins et autres frais de leur culte, après néanmoins que les rôles, dressés en la forme prescrite par le décret du 10 décembre 1806, auront été rendus exécutoires par le préfet de chaque département.

18. Les contributions, taxes et droits maintenus par le présent titre continueront d'être perçus jusqu'au 1er avril 1821, sans préjudice de l'exécution des lois qui ont établi la fabrication et la vente exclusive des poudres et des tabacs.

Les poudres continueront également d'être vendues jusqu'au 1er avril 1821 aux prix fixés par la loi du 16 mars 1819.

TITRE II.

Contributions Directes.

19. La contribution foncière, la contribution personnelle et mobilière, la contribution des portes et fenêtres et des patentes, seront perçues pour 1820, en principal et centimes additionnels sur le même pied qu'en 1819, et conformément à l'état A ci-annexé.

20. Le contingent de chaque département dans les contributions foncière, personnelle et mobilière et des portes et fenêtres, est fixé aux sommes portées dans l'état B de répartition générale annexé à la présente loi.

21. Le montant de la contribution foncière mise par des rôles particuliers, en 1819, sur les bois qui ont

cessé, à quelque titre que ce soit, de faire partie du domaine de l'Etat, sera, pour 1820, ajouté au contingent de chaque département, de chaque arrondissement et de chaque commune.

22. Les bois et autres propriétés qui n'auroient pas été compris dans les rôles particuliers de 1819, et qui cesseroient ultérieurement de faire partie du domaine de l'Etat, ou deviendroient imposables pour toute autre cause, seront, d'après une matrice particulière rédigée dans la forme accoutumée, cotisés comme les autres bois et propriétés de même nature, et accroîtront le contingent de chaque département, de chaque arrondissement et de chaque commune.

23. A l'égard des propriétés de toute nature qui, ayant appartenu à des particuliers, passent dans le domaine de l'Etat ou sont entrées dans la dotation de la couronne, et des propriétés non-bâties qui, pour toute autre cause, cessent d'être imposables, et deviennent, à ce titre, libres de la contribution foncière, les communes, arrondissemens et départemens où elles sont situées, seront dégrevés de la contribution jusqu'à concurrence de la part que lesdites propriétés prenoient dans leur matière imposable.

24. L'état des nouvelles cotisations et des dégrèvemens qui sont mentionnés dans les trois articles précédens, sera annexé au budget de chaque année.

L'état des cotisations et des dégrèvemens effectués, depuis la restauration, par départemens, cantons et communes, sera annexé au budget de 1821.

25. La nouvelle répartition entre les cantons cadastrés, ordonnée par l'article 37 de la loi du 15 mai 1818, est suspendue pour 1820.

b *

26. La loi du 25 avril 1803 (5 floréal an 11) pour la contribution foncière des canaux navigables, sera désormais applicable à tous les canaux de navigation existans, comme à ceux qui seroient construits par la suite.

Les communes, arrondissemens et départemens, que traversent les canaux existans, seront dégrevés de la contribution foncière, jusqu'à concurrence de la somme dont cette opération diminueroit le contingent actuellement attribué à ces canaux.

27. Le contingent en contribution personnelle de chaque arrondissement et de chaque commune sera fixé, par le conseil général du département et par les conseils d'arrondissement, d'après le nombre des contribuables passibles de cette contribution, multiplié par le prix de trois journées de travail.

28. La valeur de la journée de travail ne pourra, conformément à l'article 5 de la loi du 23 décembre 1798 (3 nivôse an 7), être au-dessous de cinquante centimes, ni au-dessus d'un franc cinquante centimes.

Elle sera de nouveau réglée dans toutes les communes, à raison de leur importance et des avantages dont elles jouissent, par les conseils généraux de département, sur la proposition des préfets.

29. L'article 9 de la loi du 23 décembre 1798 (3 nivôse an 7), qui veut que le contingent mobilier des arrondissemens et des communes soit fixé, un tiers en raison de la population, et les deux autres tiers au centime le franc de toutes les patentes de chaque commune, est abrogé.

Le contingent des départemens, des arrondissemens

et des communes , sera, à partir de 1821 , fixé d'après les valeurs locatives d'habitation.

3o. Les officiers sans troupe , officiers d'état-major, officiers de gendarmerie , et généralement tous ceux qui , en vertu de décrets et d'arrêtés, ont jusqu'à présent payé la contribution personnelle et mobilière en raison de leur traitement ou de leur indemnité de logement , seront imposés d'après le mode et dans la proportion arrêtés pour les autres contribuables.

31. Les prisées et ventes publiques des meubles des contribuables en retard seront faites par les commissaires-priseurs , dans les villes où ils sont établis : dans ce cas, comme dans tous les autres , les vacations des commissaires-priseurs seront taxées par les tribunaux : mais, si les opérations ont lieu pour le recouvrement des contributions directes , les tribunaux se conformeront aux règlemens faits par les préfets et arrêtés par le Gouvernement.

32. Jusqu'à ce que les rôles de l'exercice 1820 aient pu être terminés, la perception continuera d'avoir lieu sur ceux de 1819 , ainsi qu'il a déjà été prescrit pour les six premiers mois par la loi du 29 décembre dernier.

TITRE III.

Fonds destinés aux Dépenses départementales.

33. Sur les centimes additionnels à la contribution foncière et à la contribution personnelle et mobilière , il sera prélevé dix-sept centimes et demi pour les dépenses départementales fixes, communes et variables.

Ces centimes seront divisés de la manière suivante :

1º Six centimes et quart seront versés et centralisés au trésor royal, pour être tenus en totalité à la disposition du ministre de l'intérieur, et être employés au paiement des dépenses fixes ou communes à plusieurs départemens, ci-après désignées, savoir :

Traitemens des préfets, sous-préfets, et conseillers de préfecture ;

Abonnemens des préfectures et sous-préfectures ;

Dépenses des maisons centrales de détention, et indemnités aux départemens, à raison des dépenses des condamnés à un an et plus d'emprisonnement, qui, existant dans les prisons départementales, ne pourroient être admis dans les maisons de détention ;

Bâtimens des cours royales ;

Dépenses du clergé à la charge des départemens composant les diocèses, autres que le personnel des ministres de la religion ;

Etablissemens thermaux et sanitaires.

2º Six centimes et quart seront versés dans les caisses des receveurs généraux de département, pour être tenus à la disposition des préfets, et être employés, sur leurs mandats, aux dépenses variables ci-après ; savoir :

Loyers des hôtels de préfecture, contribution, acquisition, entretien et renouvellement du mobilier ;

Dépenses ordinaires des prisons, dépôts, secours et ateliers, pour remédier à la mendicité ;

Casernement de la gendarmerie ;

Loyers, mobilier et menues dépenses des cours et tribunaux ;

Travaux des bâtimens des préfectures, tribunaux, prisons, dépôts, casernes et autres édifices départementaux ;

Travaux des routes départementales et autres d'intérêt local, non compris au budget des ponts-et-chaussées ;

Enfans trouvés et enfans abandonnés, sans préjudice du concours des communes, soit au moyen d'un prélèvement proportionnel à leur revenu, soit au moyen d'une répartition qui sera proposée par le conseil général sur l'avis du préfet, et approuvée par le ministre de l'intérieur ;

Encouragemens et secours pour les pépinières, sociétés d'agriculture, artistes vétérinaires, cours d'accouchement et autres ;

Complément des dépenses faites et non payées sur les exercices precédens ;

Dépenses diverses de toute nature.

Les dépenses variables ci-dessus seront établies dans un budget dressé par le préfet, voté par le conseil général, et définitivement approuvé par le ministre de l'intérieur.

Les cinq centimes restans seront versés au trésor royal, pour, à titre de fonds commun, être tenus à la disposition du ministre secrétaire d'état de l'intérieur, et venir au secours des départemens dont les dépenses variables excéderont le produit des six centimes et quart ci-dessus.

34. Les conseils généraux de département pourront, en outre, et sauf l'approbation du Gouvernement, établir, pour les dépenses d'utilité départementale, des impositions dont le montant ne pourra excéder cinq centimes du principal des contributions foncière, personnelle et mobilière de 1820, et dont l'allocation sera toujours conforme au vote du conseil général.

35. Les produits de ces contributions extraordinaires

seront recouvrés par les receveurs des contributions directes, et versés dans les caisses des receveurs généraux
de département, qui les tiendront à la disposition des
préfets, pour être employés conformément aux votes des
conseils généraux approuvés par le Gouvernement.

36. L'état de distribution du fonds de non-valeurs
sera communiqué par les préfets aux conseils généraux
de département et aux conseils d'arrondissement.

TITRE IV.

Fonds affectés au Service de la Dette constituée et de l'Amortissement.

37. Les produits nets de l'enregistrement, du timbre
et autres droits accessoires, ceux des domaines et des
forêts, les produits nets des douanes, des droits sur les
sels, sont spécialement affectés au service de la dette
constituée et de l'amortissement.

38. La portion des produits nets ci-dessus qui restera
libre après l'acquittement de toutes les charges relatives
au service de la dette constituée, sera jointe aux autres
produits des revenus ordinaires, pour concourir à l'acquittement des dépenses générales de l'État.

TITRE V.

Fixation des Recettes de l'Exercice 1820.

39. Le budget des recettes est fixé, pour l'exercice
1820, à la somme totale de. . . . . . 877,437,880 fr.
conformément à l'état C ci-annexé.

Ladite somme sera, conformément
audit état, applicable, savoir :

Aux dépenses votées par la loi du
19 juillet 1820, ci. 737,412,200

Ci-contre. . . . 737,412,200

Aux non-valeurs des quatre contributions directes. 5,361,375

Aux frais d'assiette et de recouvrement des contributions directes. . . . 24,764,845

Et aux frais de régie, d'exploitation de perception des autres contributions. 108,262,210

TOTAL. 875,800,630

Excédant des recettes sur les dépenses. 1,637,250

SOMME ÉGALE. . . . 877,437,880

TITRE VI.
Dispositions générales.

40. Les charges et frais inhérens à la réalisation des impôts et revenus bruts de l'État seront définitivement ordonnancés par le ministre des finances.

41. Toutes contributions directes ou indirectes autres que celles autorisées par la présente loi, à quelque titre et sous quelque dénomination qu'elles se perçoivent, sont formellement interdites, à peine, contre les autorités qui les ordonneroient, contre les employés qui confectionneroient les rôles et tarifs, et ceux qui en feroient le recouvrement, d'être poursuivis comme concussionnaires, sans préjudice de l'action en répétition, pendant trois années, contre tous receveurs, percepteurs ou individus qui auroient fait la perception, et sans que, pour exercer cette action devant les tribunaux, il soit besoin d'une autorisation préalable. Il n'est pas néanmoins dérogé à l'exécution des articles 4 et 6 de la loi du 28 avril 1816, relatifs aux contributions extraordinaires pour remboursement des dépenses de l'occupation militaire de 1815, et des articles 39, 40, 41, 42 et 43 de la loi du 15 mai 1818, relatifs aux dépenses extraordinaires des communes.

TABLEAU GÉNÉRAL

Des Contributions directes en principal et tous centimes additionnels avec la destination distincte de leurs produits.

CONTRIBUTION FONCIÈRE.

Principal. . . . . 168,127,716 fr.
25 1/2 centimes additionnels temporaires sans affectation spéciale. 42,872,568
17 1/2 centimes additionnels ordinaires pour dépenses départementales. 29,422,352
Deux centimes, dont un pour grêles, orages, incendies, et un pour non-valeurs et dégrèvemens. 3,362,555
Centimes facultatifs à voter par les conseils généraux (*Mémoire*). . . . . »
Dépenses ordinaires des communes (*Mémoire*). »
Dépenses extraordinaires des communes (*Mémoire*) . . . . »
Réimpositions (*Mémoire*). . . . . »
Traitemens et taxations des receveurs généraux et particuliers (par évaluation) 1,900,000
Remises des percepteurs de 2 à 5 centimes. . 10,923,000

Total. . . . 256,608,191 fr.

CONTRIBUTION PERSONNELLE ET MOBILIÈRE.

Principal. . . . . 27,161,023 fr.
30 1/2 centimes additionnels temporaires sans affectation spéciale 8,284,116
17 1/2 centimes additionnels ordinaires pour dépenses départementales 4,753,177

40,198,316 fr.

　　　　　　　　　　Ci-contre. . . .　40,198,316 fr.

Deux centimes, dont un pour grêles, orages, incendies, et un pour non-valeurs et dégrèvemens. . . . .　271,611

Centimes facultatifs votés par les conseils généraux (*Mémoire*). . . . .　»

Dépenses ordinaires des communes (*Mémoire*)　»

Dépenses extraordinaires des communes (*Mémoire*). . . . .　»

Réimpositions (*Mémoire*). . . . .　»

Traitemens et taxations des receveurs généraux et particuliers (par évaluation). . . . . .　350,000

Remises des percepteurs, de 2 à 5 centimes.　1,966,000

　　　　　　　　　TOTAL. . . .　43,057,538 fr.

CONTRIBUTION DES PORTES ET FENÊTRES.

Principal. . . . .　12,812,469 fr.

50 centimes temporaires sans affectation spéciale. . . . .　6,406,234

10 centimes ordinaires pour non-valeurs, dégrèvemens et frais de confection de rôles. . .　1,281,247

Traitemens et remises des receveurs généraux et particuliers, par évaluation. . . . . . .　170,009

Remises des percepteurs, de 2 à 5 centimes.　848,841

　　　　　　　　　TOTAL. . . .　21,518,791 fr.

CONTRIBUTION DES PATENTES.

Principal présumé. . . . .　19,055,700 fr.

5 centimes pour non-valeurs et dégrèvemens.　952,780

Remises des receveurs généraux et particuliers par évaluation. . . . .　80,000

Remises des percepteurs de 2 à 5 centimes. .　627,000

　　　　　　　　　TOTAL. . . .　20,715,480 fr.

RÉCAPITULATION.

Foncier . . . . 256,608,191 fr.
Personnel et mobilier. 43,057,538
Portes et fenêtres. 21,518,791
Patentes 20,715,480
Pour les articles portés pour *Mémoire*, environ   14,000,000

         TOTAL GÉNÉRAL. . . . . 365,900,000 fr.

LOI

DU 23 JUILLET 1820,

RELATIVE

A LA FIXATION DU BUDGET DES RECETTES

DE LA MÊME ANNÉE.

CONTRIBUTION FONCIÈRE.

RÉPARTITION *des Contributions Foncière, Personnelle et Mobilière et des Portes et Fenêtres.*

ART. 19. — LA contribution foncière, la contribution personnelle et mobilière, la contribution des portes et fenêtres et des patentes, seront perçues pour 1820, en principal et centimes additionnels sur le même pied qu'en 1819.

ART. 20. Le contingent de chaque département dans la contribution foncière, personnelle et mobilière et des portes et fenêtres, est fixé aux sommes portées dans l'état de répartition annexé à la présente loi.

Objet des Discussions relatives à la Contribution foncière.

La répartition de la contribution foncière a ramené, au sein de la Chambre des Députés, les discussions et les controverses auxquelles le système actuel du cadastre a donné lieu depuis cinq ans.

Elles ont porté principalement, cette année,

1° Sur le dégrèvement promis l'année dernière ;

2.° Sur la communication aux conseils généraux, du travail exécuté en vertu de l'article 38 de la loi du 15 mai 1818, pour l'évaluation du revenu imposable des départemens ;

3° Sur les fonds demandés pour les dépenses du cadastre en 1820.

L'on s'est borné à donner ici un extrait fidèle des diverses opinions émises à la Chambre des Députés sur ces trois objets.

DISCUSSIONS à *la Chambre des Députés sur le dégrèvement définitif.*

L'article 38 de la loi du 15 mai 1818, avoit ordonné qu'il seroit présenté, pour 1819, un nouveau projet de répartition de la contribution foncière entre les départemens, et que les bases de cette nouvelle répartition seroient les résultats déjà obtenus par le cadastre ; les notions fournies par la comparaison des baux, des ventes faites dans diverses localités, enfin tous les autres renseignemens administratifs tendant à faire connoître l'étendue du territoire, ou la matière imposable de chaque département.

Ce travail fut présenté. Mais le Gouvernement et la Chambre ne le croyant pas suffisamment perfectionné, on se borna à accorder un dégrèvement aux départemens qui furent reconnus les plus surchargés, et l'article 15 de la loi du 17 juillet 1819, qui prononce ce dégrèvement s'exprime ainsi :

« Le dégrèvement ci-dessus n'est que provisoire. Il sera
» présenté à la session prochaine des Chambres, un tableau
» du dégrèvement définitif à répartir entre les départemens

» qui d'après le complément des vérifications prescrites par la
» loi du 15 mai 1818, auront été reconnus y avoir droit. »

Ce complément de vérifications a eu lieu, et voici le ju-
gement que le Ministre en a porté dans son rapport sur
le budget de 1820 :

La dernière loi des finances, en accordant un dégrèvement provisoire sur la contribution foncière, impose au
Gouvernement le devoir de présenter à la session prochaine,
un tableau du dégrèvement définitif à répartir entre les départemens qui, d'après le complément des vérifications
prescrites par la loi du 15 mai 1818, auront été reconnus
y avoir droit. Le temps qui a séparé les deux sessions a
été soigneusement employé à préparer l'accomplissement
de ce devoir. Des commissaires spéciaux ont parcouru dans
cet intervalle tous les départemens, ont complété sur leurs
forces contributives tous les documens que mes prédéces-
seurs avoient recueillis, et le résultat du travail de ces
commissaires a donné des notions assez précises sur l'évaluation des revenus imposables et la richesse relative des
départemens, pour mettre le Gouvernement en état de
rectifier la répartition générale par la voie d'un dégrèvement.
Mais pour faire jouir les contribuables du bienfait si
long-temps promis et si impatiemment attendu de la fixité
de cette contribution, le trésor auroit encore à s'imposer
un sacrifice que la situation de nos finances rend impossible pour 1820. En effet, les recouvremens de cette année,
réduits à la somme qu'ils ont réellement produite en 1819,
suffisent à peine pour subvenir aux dépenses du nouvel
exercice, bien que ces dépenses soient elles-mêmes étroi-
tement limitées ; un dégrèvement accordé dans cet état de
choses sur la contribution foncière auroit donc le résultat
inévitable de créer un déficit sur l'année courante, et la
justice de ce dégrèvement n'en excuseroit pas les conséquences. Cette justice, au surplus, ne sera que différée ;
si, comme il y a tout lieu de l'espérer, l'impôt indirect se
relève en 1820, de l'état d'affaiblissement où il a langui

en 1819; si, comme il est plus probable encore, de nouvelles réductions sont opérées sur quelques services publics, les produits de cette double amélioration seront religieusement affectés, et alors sans regrets pour le trésor, sans inquiétude pour l'avenir, à l'accomplissement de la promesse faite aux contribuables.

————

M. Ganilh, organe de la commission des voies et moyens, s'exprimoit ainsi dans son rapport du 27 juin 1820 :

Lorsque l'impôt prend au propriétaire une aussi forte partie de son produit net, il lui laisse bien peu de ressources contre l'intempérie des saisons, les calamités imprévues, et les innombrables accidens de la vie. A plus forte raison le prive-t-il de tout moyen de faire des améliorations à sa propriété, de tenter des essais, et de faire des entreprises qui puissent accroître son revenu ?

Que doit-ce donc être lorsque cet impôt excessif sur le produit net de l'agriculture est si inégalement réparti entre les départemens, qu'il y en a qui payent le 15e, tandis que d'autres payent le 6e ?

Tant soit peu que ces inégalités se répètent entre les arrondissemens de chaque département, entre les communes de chaque arrondissement et les contribuables de chaque commune, il est impossible de prévoir jusqu'où le désordre peut s'étendre. — Un tel état de choses a vivement affligé la commission, et il lui a fallu faire de grands efforts pour ne pas vous proposer un nouveau répartement qui mît fin à d'aussi monstrueuses inégalités. La loi du 15 mai 1818 l'y autorisoit, et les documens que le gouvernement lui a communiqués lui donnoient les moyens sinon de faire à tous les départemens une justice rigoureuse, du moins de faire cesser les injustices notoires qui les oppriment. Elle a dû renoncer à cette satisfaction, et céder aux circonstances à qui rien ne peut résister. C'est un nouveau sacrifice que les malheureux départemens auront à supporter. Mais nous espérons que la perspective d'un prompt soulagement les consolera et soutiendra leur courage.

D'après la discussion des budgets, les recettes sembloient présenter un excédant de 2,300,000 francs sur les dépenses. Cette circonstance détermina plusieurs membres de la Chambre à insister sur le dégrèvement promis l'année dernière.

M. le baron Morisset. — 7 juillet 1820. — Le ministre a solennellement déclaré qu'il avoit des notions suffisantes sur les forces contributives des départemens pour venir au secours de ceux qui sont surtaxés, si la situation des finances l'eût permis. Votre commission a ces documens sous les yeux, et regrette que les circonstances ne permettent pas d'en faire usage. Puisqu'il n'est pas permis de compter cette année sur le dégrèvement définitif, je demande que les fonds restés libres par l'effet de l'excédant des recettes sur les dépenses de 1820, soient appliqués à titre de dégrèvement, sur la contribution foncière aux départemens les plus surtaxés, et que la distribution en soit faite par le gouvernement, qui en mettra le tableau sous les yeux de la Chambre lors de la prochaine session.

M. Tronchon. — 7 juillet 1820. — Vous ne pouvez, cette année, faire une justice complète. Vous ne pouvez opérer une meilleure répartition de l'impôt. Cependant vous ne pouvez pas dissimuler qu'il y ait des départemens qui payent le cinquième, le sixième ; d'autres le dixième, d'autres enfin le dix-septième seulement. Cette inégalité est insupportable. Au moins faisons ce qui est en nous pour qu'en attendant une meilleure répartition, quelque soulagement soit accordé aux départemens les plus surchargés.

M. Laisné de Ville-l'Évêque. — 7 juillet 1820. — Vous avez tous reconnu les erreurs résultant d'une répartition fondée sur les bases inexactes du cadastre parcellaire. Ce cadastre dureroit 5o ans, et il seroit à recommencer, parce que les propriétés auroient changé de nature. Il seroit fait en un an qu'il ne seroit pas plus utile. Jamais vous n'obtiendrez, par ce moyen une péréquation raisonnable. Les bases de la loi de 1818, c'est-à-dire les baux, les fermages, et les renseignemens pris sur les lieux, sont les seules bases possibles; vouloir les rejeter, c'est nous ramener à un désordre complet.

M. Cornet d'Incourt. — 7 juillet. 1820. — Le ministère a sans doute besoin de recueillir encore beaucoup de renseignemens pour pouvoir présenter, à la session prochaine, un nouveau projet de répartition de la contribution foncière entre les départemens; le travail fait jusqu'ici est basé sur des notions fausses et incomplètes.

1° Les résultats déjà obtenus par le cadastre. — Dans tel département on a cadastré les meilleurs cantons; dans tel autre, les plus mauvais. Il est évident qu'en appliquant, dans les uns comme dans les autres, aux cantons non cadastrés les résultats obtenus dans ceux qui l'ont été, on a fait des évaluations fort au-dessus, ou fort au-dessous de la valeur réelle.

2° Les baux. — Cette base, appliquée sans restriction, est également fautive. Ici l'on a trouvé des baux en petite tenue; là, des baux de grandes fermes; et il est résulté de l'application du prix de ces baux, ici, des résultats exagérés; là, des résultats au-dessous de la vérité.

3° Les contrats de vente. — Qui ne sait que dans tel département les biens se vendent au denier 20, et dans tel autre, au denier 4o? Ainsi, en établissant partout les revenus au denier 20, on a supposé aux départemens où les biens se vendent au denier 4o, un revenu double du revenu réel.

Ces bases doivent donc être appliquées avec discernement, et rectifiées par les autres renseignemens que la loi prescrit de recueillir. Tout reste à faire à cet égard, et c'est sans doute à se procurer ces renseignemens, à faire faire des estimations contradictoires par grandes masses de cultures entre des départemens voisins, enfin à satisfaire, par tous les moyens qui sont en son pouvoir, au vœu de l'article 38 de la loi du 15 mai, que M. le ministre des finances emploiera le temps qui lui reste, d'ici à la prochaine session, pour présenter alors un nouveau dégrèvement en faveur des départemens surtaxés.

M. de Villèle. — 7 juillet 1820. — D'après les évaluations arrêtées jusqu'à ce jour, les recettes balancent à peine les dépenses. Vous n'avez plus à fixer que les dépenses relatives aux frais de perception. Ces frais ont été payés pendant les six mois qui sont écoulés. Vous ne pouvez prétendre faire des économies assez notables sur ce point, pour pouvoir prononcer à l'avance un dégrèvement sur la contribution foncière.

Telle est votre position financière, cette année, que vous laissez peser sur le trésor une dette exigible de 250 millions, et c'est lorsque vos recettes balancent à peine vos dépenses votées, que vous voulez faire une grande question d'un dégrèvement qui est évidemment impossible. Or, de quelque manière que vous le calculiez, quand bien même vous fixeriez le dégrèvement à une somme déterminée qui ne pourroit s'élever au-dessus de 10 millions, il vaudroit encore mieux l'appliquer à une dette exigible de 250 millions, qu'au dégrèvement de la contribution foncière dont vous ne pourriez pas faire la répartition.

M. le Ministre des finances. — Nous n'avons pu, qu'avec la plus grande peine, établir la balance entre les recettes et les dépenses. Nous n'y sommes parvenus qu'en portant en recette un recouvrement d'un ou deux millions des débets de l'ancienne liste civile qui ne se réaliseront probablement pas. D'un autre côté, tout nous fait craindre que les impôts indirects ne nous donnent pas les produits auxquels nous les avons évalués. Les retranchemens de quelques dépenses n'ont apporté dans notre situation que des résultats presqu'insensibles qui s'élèvent à peine à 2 millions. Dans de telles circonstances, nous devons craindre bien davantage que les recettes ne s'élèvent au niveau des dépenses, que nous ne devons espérer d'avoir en définitif un excédant de recettes. Il est facile et doux de diminuer les contributions ; mais la diminution qui vous est proposée seroit nuisible et auroit l'inconvénient de vous exposer à rétablir en 1821 de nouveaux impôts pour remplir le déficit que vous auriez créé en 1820.

Nota. L'avis du Ministre des finances a été adopté : le dégrèvement et la répartition définitive ont été ajournés à la session prochaine.

DISCUSSIONS *sur la communication aux Conseils généraux du tableau de l'évaluation du revenu imposable des Départemens.*

M. Dumeylet avoit présenté un article additionel ainsi conçu :

« Tous les travaux relatifs à une nouvelle répartition
» générale de la contribution foncière, seront remis aux
» Chambres au commencement de la session prochaine, après
» avoir été communiqués aux conseils généraux de dé-
» partemens, à l'effet de recueillir leurs observations, et de
» parvenir, au moyen d'une loi spéciale, à fixer les contin-
» gens définitifs de chaque département. »

M. Dumeylet. — 7 juillet 1820. — L'article additionnel que j'ai l'honneur de présenter à la Chambre ne me paroit susceptible d'aucun développement. Il est la suite ou plutôt la conséquence des principes consacrés par les lois de finances de 1818 et 1819, et tout a été dit sur cette matière, lors de la discussion de ces lois. L'article 38 de la première a reçu en partie son exécution en procurant un premier soulagement aux départemens surchargés. Toutefois ce premier dégrèvement n'est que provisoire, et cet acte de justice est encore incomplet. Aussi l'article 15 de la loi du 17 juillet 1819 avoit-il prescrit qu'il seroit présenté aux Chambres un tableau du dégrèvement définitif à répartir entre les départemens; et, si la nécessité de vous offrir un travail complet et aussi parfait que possible, explique les causes qui ont retardé l'exécution de cette loi, il n'en est pas moins utile qu'une nouvelle disposition législative soit insérée dans celle que vous allez adopter sur les voies et moyens. Il convient, au moyen d'un article additionnel, de convaincre les départemens surchargés, que c'est à regret que vous n'avez pu alléger un fardeau qu'ils supportent depuis trente ans, mais que du moins les premiers travaux de nos successeurs auront pour but, non pas de réparer, mais de faire cesser une répartition vicieuse, qui, pour être ancienne, n'en est que plus insupportable.

Pour être à même d'apprécier les renseignemens qui devront être fournis aux Chambres, vous penserez qu'il importe qu'ils soient d'abord communiqués aux conseils généraux, et de provoquer leurs réflexions. Appelés par la loi à répartir la contribution foncière entre les arrondissemens, ils sont placés dans la position la plus favorable pour en calculer la quotité; et, en adoptant cette mesure, ils ne pourront objecter plus tard qu'ils ont été jugés sans avoir été entendus. J'insiste encore sur la nécessité de cette communication, parce que, bien que deux travaux aient été faits en 1818 et 1819 sur la répartition générale, ce n'est qu'au premier de ces travaux qu'ont concouru le préfet, le conseil de préfecture, les membres du conseil général et des agriculteurs instruits, tandis que le second travail n'a été connu d'aucune autorité locale, pas même du préfet.

D'après ces considérations, je crois devoir insister sur l'adoption de l'article additionnel que je vous ai proposé.

* * *

M. de Villèle. — 7 juillet 1820. — Ce qui vous est proposé est textuellement dans la loi de finance de 1818, sauf ces deux points que je crois tout-à-fait indispensables : le premier, *c'est que la répartition soit présentée à la Chambre, pour être faite par une loi spéciale*, et vous sentirez combien il importe de partager également entre les contribuables un fardeau aussi lourd que celui de 280 millions; c'est une de vos premières attributions, cela vaut bien la peine de créer dans la Chambre une commission spéciale pour examiner le travail qui vous sera présenté à l'effet d'opérer cette répartition. L'autre point, *c'est la communication du travail préparatoire aux conseils généraux ;* ils transmettront leurs observations et leur avis au gouvernement qui en fera le cas qu'il jugera convenable. Cette disposition que j'ai entendue avec peine combattre hier, me paroît de première nécessité. Je me bornerai à citer un exemple pour faire voir combien il importe de soumettre ce travail aux conseils généraux de départemens; vous allez juger si l'on peut établir la répartition, entre les départemens, sur des bases telles que celles qui ont été communiquées cette année à la commission. Le revenu moyen du département de la Haute-Garonne étoit porté, en 1819, dans les états du Gouvernement, à 15,622,000 fr. Dans l'opinion de M. Tronchon, qui nous a été distribuée, le revenu moyen de ce département s'élève, cette année, à 22,422,967 fr. La différence est d'environ sept millions, c'est-à-dire le tiers. Si nous descendons aux détails des opérations, nous trouverons pour le revenu des ventes en 1819, attribué à ce département, 15,110,000 fr.; cette année, le revenu des ventes monte à 26,837,101 fr. Différence de onze millions. Les baux offrent entre les deux anxées une différence de deux millions, et ce qui est bien plus remarquable, c'est que les résultats du cadastre de l'année dernière donnent à ce département un revenu de 14,050,000 f.; et cette année, un revenu de 21,125,623 fr. ; différence de sept millions. Quand on part d'une base fausse, les erreurs dans l'application deviennent progressives, et on arrive à un résultat effrayant. Nous devons sans doute tous désirer la fixité ; mais il faut faire tout ce qu'on peut pour que cette fixité soit établie sur les bases les plus approximativement justes. Il est nécessaire, pour atteindre ce but, que les bases du gouvernement aient un contradicteur, qu'elles soient soumises aux conseils généraux. Mon intention n'est pas que l'on suive toujours les indications des conseils généraux, mais je voudrois qu'avant de prononcer sur cette grande question, le Gouvernement les entendit. Je suis sûr que si les tableaux qui ont servi de bases pour les évaluations de mon département étoient soumis au conseil général, il découvriroit d'où vient l'erreur que j'ai signalée : je crois qu'elle provient des calculs qui ont été faits sur les baux. On a évalué le revenu sur 110 baux seulement : le produit de ces baux est de 117,845 fr. Ne pouvoit-on pas prendre un plus grand nombre de baux ? Nous ne demandons que le droit de faire de simples observations au Gouvernement, qui présentera le tableau de répartition. Il faut que ce soit la matière d'une loi spéciale ; car cela en vaut bien la peine(1).

____

(1) *Opinion de M. Villèle du 25 juin 1819.* — « Après la » nécessité généralement reconnue de diminuer les impôts qui » pèsent sur la propriété, un des premiers besoins de la France » agricole, est d'obtenir la fixité de la répartition la plus équi- » table de cet immense fardeau. Ce n'est pas sans dessein que » je dis le plus équitable, car toutes les recherches auxquelles je » me suis livré sur cette matière, m'ont convaincu de l'impossi- » bilité d'atteindre jamais cette égalité proportionnelle qui dis- » paroît à mesure qu'on cherche à l'établir, qui cesseroit le len- » demain du jour où elle auroit été appliquée. — Habitant d'un

M. le baron Morisset. — 13 juin et 6 juillet 1820. — A
moins que de prétendre à une perfection chimérique, et de
vouloir ajourner indéfiniment la justice que réclament depuis

------

» département surchargé par la répartition actuelle, j'ai soutenu,
» de tout mon pouvoir, l'an dernier, la demande du nouveau
» tableau de répartition qui vous est présenté. Je suis prêt à
» adopter, soit les résultats offerts sur ce point par le travail du
» Ministre, soit ceux de la commission ; mais je crois devoir y
» mettre une seule condition dans l'intérêt général, c'est que le
» tableau que vous adopterez cette année, le soit à jamais, et fixe
» invariablement la part contributive de chaque département ;
» car ce n'est que lorsque vous aurez adopté cette première base
» de fixité, que les conseils généraux pourront étendre le bien-
» fait aux arrondissemens, les conseils d'arrondissement aux
» communes, et les opérations du cadastre aux particuliers. —
» C'est d'après la connoissance que j'ai de l'arbitraire avec lequel
» on est obligé d'agir pour vous présenter de nouveaux tableaux,
» que je ne puis mettre un grand intérêt à l'adoption ou au
» rejet des projets de rectification qui vous sont soumis, mais
» que j'en mets un très-grand à ce que la répartition que vous
» adopterez soit déclarée définitive, et que vous abandonniez
» l'application des opérations cadastrales aux conseils généraux
» de département, aux conseils d'arrondissement et aux particuliers
» dans les communes. Le cadastre ne peut opérer avec exacti-
» tude la répartition entre les départemens. Cette vérité me
» paroît démontrée. Je la soutiendrai dans les discussions sub-
» séquentes, si elle est contestée. »

L'on n'a inséré ici cette opinion que pour faire voir combien
il est difficile de s'entendre sur cette matière devenue l'objet de
tant de discussions et de controverses, lorsqu'on voit un député
aussi judicieux, aussi distingué, aussi recommandable à tant de
titres, énoncer deux opinions aussi contraires, demander en
1819, l'adoption définitive du travail des commissaires spéciaux
malgré ses imperfections avouées par le Gouvernement lui-même,
et élever aujourd'hui des doutes sur la régularité de ce même
travail, après la révision scrupuleuse à laquelle il a été soumis
et que la loi avoit prescrite.

trente ans, les départemens qui gémissent sous le poids d'une répartition inégale, il est impossible de ne pas adopter les résultats d'un travail que vous avez ordonné vous-mêmes, et dont vous avez fait, l'année dernière, un premier usage.

Ce travail a été exécuté en 1818, et vous a permis d'accorder aux départemens les plus surtaxés un premier soulagement. Il a été soumis aux nouvelles vérifications prescrites par la loi du 17 juillet 1819.

Pourroit-on alléguer encore la brièveté du temps consacré à la révision de ce travail pour élever des doutes sur leur exactitude, et en retarder l'application? L'objection seroit fondée s'il eût fallu en improviser et créer tous les élémens. Mais ces élémens existoient; et il ne s'est agi en 1819 que de les compléter, de les vérifier et de les coordonner entre eux.

Des commissaires spéciaux furent envoyés dans les départemens. Une instruction les avoit précédés. Le mouvement fut imprimé partout à la fois; partout il fut reçu avec une louable émulation; de nouveaux documens furent ajoutés à ceux précédemment recueillis. Tout fut soumis à l'examen le plus impartial et le plus sévère. Tout fléchit sous la rigoureuse application des méthodes, et les diverses opérations reportées à un centre commun, subirent l'épreuve d'une discussion solennelle et contradictoire.

Les résultats de 591 cantons cadastrés qui présentoient des divergences plus ou moins sensibles ont été rectifiés, et mis autant que possible en rapport les uns avec les autres. Il a été appliqué à toutes les communes cadastrées ou non, 227,495 baux de toute nature, représentant en prix de fermages plus de 191 millions; et 211,307 actes de vente, représentant en valeur venale un capital de plus d'un milliard.

De la combinaison de ces trois bases différentes est sortie la proportion dans laquelle chaque département est aujourd'hui imposé : peut-on dès lors être surpris qu'un travail entrepris en 1815, dirigé en 1818 sur un plan plus vaste et mieux conçu, révisé en 1819 avec autant de discernement que de persévérance, ait procuré, suivant les propres expressions du Ministre, des notions assez précises sur l'évaluation des revenus imposables des départemens, et sur leurs richesses relatives, pour mettre le Gouvernement à portée de rectifier la répartition générale par la voie d'un dégrèvement ?

Que faudroit-il donc pour faire jouir le département d'un bienfait tant promis ? Un sacrifice de 10 millions sur le principal de la contribution suffiroit pour faire disparoître les inégalités les plus choquantes de la répartition actuelle. Celles qui existeroient encore et qu'il est hors du pouvoir de l'administration de faire jamais entièrement disparoître, s'atténueroient par la fixité de l'impôt, qui, en favorisant les progrès de l'industrie agricole, rendroit en peu d'années le fardeau de la contribution plus insensible. Certes, à moins que de prétendre à une égalité parfaite, que la nature de l'opération ne peut comporter, et qui, dans le système de dégrèvement, exigeroit de la part du trésor de trop grands sacrifices, il seroit impossible d'obtenir un résultat plus satisfaisant et plus propre à concilier tous les intérêts.

<hr>

M. Tronchon. — 3 juillet 1820. — Quels étoient les départemens chargés, quels étoient ceux favorisés, jusqu'à quel point les uns et les autres étoient-ils chargés ou favorisés ? C'est ce que l'on désiroit savoir et que l'on ne pouvoit connoître, même approximativement. Pour le connoître avec plus d'exactitude, on invoquoit les résultats définitifs du cadastre, mais les années s'écouloient, et le cadastre, en occasionnant de grandes dépenses pour le temps présent, donnoit seulement des promesses pour les temps à venir.

Dans ces circonstances, doit-on écarter encore pour un temps plus ou moins long, cette lumière que la Chambre a appelée ? Les forces contributives de chaque département se trouvent établies dans un tableau que le Gouvernement a fait dresser sur des bases que la loi a prescrites. Ces forces contributives serviront-elles, ou ne serviront-elles jamais de règles pour répartir l'impôt foncier entre les départemens? Toutes les objections que l'on pourroit faire sur la confiance à donner à ces bases, sur ce qui peut leur manquer de perfection ont été résolues par le fait même que la loi a prescrit ces bases; et en effet, lorsque la Chambre a demandé ces renseignemens, elle ne s'est pas dissimulé qu'il resteroit encore à désirer; mais elle a senti la nécessité de mettre un terme à l'injustice, et vous sentirez également que ce terme est arrivé.

Que l'on ne redemande rien aux départemens qui n'ont pas donné assez, il y a sagesse dans cette conduite. Mais que l'on prolonge la surcharge pour ceux auxquels il est évident que l'on a trop demandé, il y auroit dans ce procédé injustice criante. Nous avons encore un motif pour nous déterminer a travailler de suite à la péréquation de l'impôt foncier entre les départemens. La tribune nationale a déjà retenti bien des fois des avantages qu'il y auroit à établir la fixité dans cet objet important. Si l'égalité de l'impôt est désirable, la fixité ne l'est pas moins. Le Ministre lui-même annonce dans son rapport, un vif désir d'arriver à cette fixité; et en effet, tous ceux qui ont médité sur l'économie politique, n'ont pu manquer de connoître que l'état actuel de notre impôt foncier étoit pour la France un état bien défavorable au développement des moyens productifs.

Du moment au contraire où sera adopté le travail dont les résultats ont été demandés et sont préparés, fussent-ils même imparfaits, comme le seront toujours ces sortes d'opérations, vous aurez du moins une base pour asseoir l'impôt, et une règle pour le répartir. Chacun verra sur quoi il peut compter. Chacun se livrera avec ardeur et avec sécurité à l'amélioration du produit des fonds qu'il possède.

Aussi quel que soit le poids des objections qui peuvent être faites contre le travail du Gouvernement, je demeure convaincu qu'un des plus grands avantages que nous puissions procurer à notre pays, c'est d'en consacrer les résultats, et de

mettre un terme à une incertitude et à une lutte que tous dé-
sirent voir terminer.

***

M. L'Abbey de Pompières. — 7 juillet 1820. — La crainte
de voir reculer indéfiniment la nouvelle répartition désirée,
m'empêche de partager le sentiment de ceux qui ont proposé
de consulter les conseils généraux sur le travail exécuté conformément à l'article 38 de la loi du 15 mai. Ce n'est pas
que je doute des lumières et de la délicatesse des conseils généraux ; mais telle seroit la fausse position dans laquelle on
les mettroit, que chacun d'eux seroit presque forcé de dire
que son département éprouve une surévaluation absolue ou
relative, et il trouveroit toujours quelques documens qui
viendroient à l'appui de son assertion. Le travail dont il s'a-
git étant attaqué de toutes parts, finiroit par jeter dans des
doutes, des incertitudes, et il faudroit encore le soumettre
à une nouvelle révision, qui probablement, n'ajouteroit rien
à son mérite, et pourroit faire beaucoup reculer l'époque
tant désirée du dégrèvement.

***

M. Mestadier. — 7 juillet 1820. — Un fait certain, c'est
l'inégalité choquante qui existe entre les départemens, relativement à la contribution foncière ; les uns ne paient que le
quinzième et même le dix-septième de leur revenu ; d'autres
payent le cinquième et même le quart. Il est donc indispensable de procéder à une nouvelle répartition, et impossible
de l'ajourner au-delà de la session prochaine.

Cette année, un dégrèvement étoit possible ; médiocre sans
doute ; c'étoit pourtant quelque chose pour ceux qui souf-
frent et qui paient plus qu'ils ne doivent ; vous ne l'avez pas
voulu, et c'est une raison nouvelle d'accélérer l'époque d'une
répartition meilleure.

Les bases pour cette répartition sont fixées par la loi du
15 mai 1818 ; ce sont les résultats du cadastre, les baux et

les actes de ventes. Un tableau vous fut présenté à la session dernière ; un cri général d'étonnement a fait rejeter la colonne arbitraire intitulée : *Renseignemens administratifs.* Nous avons eu grand tort de ne pas adopter les autres colonnes, en consacrant le grand principe de la fixité. Ne cherchons pas une perfection imaginaire : sachons nous contenter des bases déterminées par la loi : faisons, le plutôt possible, cesser les inégalités, soit par voie de dégrèvement, soit par un autre mode, ce qui est beaucoup plus difficile, et arrivons enfin au principe salutaire de la fixité.

Mais n'adoptons pas une mesure inutile, parce que, chaque conseil général s'occupera uniquement et avec partialité des intérêts de son département ; une mesure dangereuse, en ce que la question, déjà trop compliquée, deviendroit insoluble par la multiplicité des écritures. Le point essentiel, c'est qu'enfin justice soit faite l'année prochaine, et que le principe de la fixité soit consacré. Attendons la proposition du Gouvernement, d'après les bases consacrées par la loi. Il consultera, s'il le juge utile, les conseils généraux ; mais ne fournissons pas ce prétexte d'ajourner encore cette grande mesure.

Le Ministre des finances. — 7 juillet 1820. — Si le Gouvernement ne vouloit pas aussi sincèrement qu'il le veut une plus équitable répartition de la contribution foncière ; si, comme on l'a dit quelquefois, il ne vouloit qu'en éloigner le moment, il saisiroit avec bien de l'empressement la proposition qui est faite de communiquer aux conseils généraux tous les tableaux relatifs à cette répartition ; car il seroit bien assuré que les observations des conseils généraux apporteroient dans cette grande affaire de telles entraves, que ce ne seroit que dans bien des années que les peuples pourroient jouir du bienfait d'une répartition moins inégale, et de celui de la fixité de l'impôt.

Ne savons-nous pas ce que les conseils généraux diront ?

Ne connoissons-nous pas à l'avance leurs observations? Ceux des départemens qui supportent peu d'impôts diront que ces départemens sont trop chargés; ceux des départemens surchargés diront qu'ils le sont dans une proportion bien plus forte encore. Voilà tout ce que vous obtiendrez des conseils généraux, à quoi se réduiront toutes leurs observations.

C'est déjà un bien grand inconvénient que la décision de cette question ne puisse pas être abandonnée au Gouvernement qui, dans cette circonstance, n'a d'autre intérêt que celui de la justice et du bien public, et qu'elle doive être soumise à la Chambre où nous rencontrerons tous les intérêts de localité. N'ajoutez pas aux embarras qui résultent de cette position tous ceux qui naîtroient encore des observations des conseils généraux.

Nota. L'opinion du Ministre des finances a été adoptée. La Chambre a rejetté la proposition de communiquer aux conseils généraux de département, le travail des commissaires spéciaux.

DISCUSSIONS *sur les dépenses du Cadastre pour* 1820.

Le Ministre, dans son rapport sur le budget des dépenses de 1820, s'exprimoit ainsi :

Deux millions seulement sont demandés pour le cadastre; cette somme servira à solder en 1820 les travaux exécutés, et à conserver aux agens qu'il emploie le traitement fixe dont ils jouissent. Le sort du cadastre tient à la détermination qui sera prise l'année prochaine sur la répartition définitive de la contribution foncière; il m'a paru que jusque-là ses dépenses devoient être réduites aux besoins absolus.

La commission pour le budget des dépenses avoit proposé de réduire cette somme à quinze cent mille francs. Cette réduction étoit motivée comme il suit dans le rapport fait au nom de la commission. Nous proposons, dit le rapporteur, de retrancher 500,000 francs sur la somme qui vous est demandée pour le cadastre : le Ministre promet de faire décider enfin le sort du cadastre à la session prochaine. L'opinion qui a paru prévaloir dans la Chambre sur le cadastre, c'est qu'il est praticable et peut devenir très-utile, si on l'abandonne aux départemens qui prendront la commune pour l'unité cadastrale, tandis qu'il s'éternise à grands frais et laisse beaucoup de doutes sur ce qu'on s'en promet, si on s'obstine à prendre la France entière pour cette unité.

Cependant, c'est toujours dans ce dernier système qu'on poursuit et qu'on commence cette année des travaux que l'an prochain on vous demandera de terminer. La commission a pensé qu'une somme de 1,500,000 francs est suffisante pour entretenir le *statu quo*, c'est-à-dire pour salarier encore, cette année, les employés du cadastre, et les avertir qu'il se peut qu'à la session prochaine, le système soit changé.

M. Dumeylet. — 28 juin 1820. — La somme de 1,500,000 f. que votre commission vous propose d'affecter pour cette année au cadastre, n'est que la moitié de celle qui a été allouée dans tous les budgets des années précédentes. Elle est évidemment insuffisante; et sa quotité n'est justifiée par aucun calcul. Il en est de même de l'allocation de deux millions demandée par M. le Ministre des finances, puisque, destinée au paiement des dépenses faites, elle ne pourroit contribuer en rien à l'achèvement des opérations commencées.

Demander que les dépenses du parcellaire soient désormais circonscrites dans chaque département, votées par le conseil général et réparties sur toutes les communes, c'est favoriser les départemens riches aux dépens des départemens pauvres. Un département riche peut s'imposer, pour cette opération, pendant dix ou douze ans, un centime additionnel et demi; tandis qu'un département pauvre devroit supporter, pendant le même temps, une surcharge de 10 à 12 centimes additionnels, surcharge évidemment au-dessus de ses forces. — Le cinquième des communes à peu près ayant été cadastré aux dépens de la masse des contribuables, il ne seroit ni juste ni même supportable que celles qui ont déjà été favorisées pour avoir été admises les premières au bénéfice d'une meilleure répartition, eussent encore l'avantage de ne concourir en rien aux frais de l'opération à exécuter dans les communes qui ont partagé une surcharge dont jusqu'ici elles n'ont tiré aucun profit.

En regrettant que comme dans les années précédentes le Gouvernement n'ait point demandé une somme de trois millions, je demande que les deux millions demandés par le Ministre soient portés au budget de 1820.

M. de Villèle. — 28 juin 1820. — Jusqu'à quel degré de répartition et de sous-répartition de l'impôt le travail que le Gouvernement a fait faire, en exécution de l'article 38 de la loi du 15 mai 1818, pourra-t-il s'appliquer ? Cette question doit décider celle qui vous occupe dans ce moment où vous êtes appelés à fixer la somme qui sera allouée dans le budget de 1820, pour la continuation des opérations cadastrales. La difficulté d'appliquer le résultat de ces opérations à un espace trop étendu et composé de parties trop dissemblables, n'existe que pour la comparaison des départemens entiers. Il n'en est pas de même pour les diverses parties d'un département. Le cadastre est le meilleur régulateur possible dans les petites localités. D'autre part, il seroit impossible d'opérer une rectification raisonnable entre les propriétaires d'après les bases que vous avez indiquées par la loi du 15 mai 1818. On pourra tout au plus s'en servir pour rectifier provisoirement la répartition entre les arrondissemens, peut-être même entre les cantons. Difficilement pourroit-on arriver jusqu'à régler avec son aide le contingent des communes. Jamais on ne s'avisera de vouloir rappeler par ce moyen les propriétaires à l'égalité proportionnelle entre eux. Ici les opérations cadastrales deviennent imdispensables : personne, je pense, n'est disposé à le contester.

Mais dès lors la question que nous examinons me semble résolue, puisque le cadastre seul peut faire jouir les proprié-

taires de l'égale répartition de l'impôt. Vous devez annuellement accorder pour son achèvement la somme nécessaire
pour assurer à tous la plus prompte, la plus complète et la
plus économique jouissance de cet indispensable bienfait. —
Le cadastre pourroit être terminé en douze ans, si nous
accordions seulement six millions chaque année, pour cette
opération. — Il ne vous est pas permis, j'ose l'avancer, de
prononcer la suppression d'une entreprise aussi nécessaire à
l'égale répartition d'un impôt de 280 millions prélevés, tous
les ans, sur les produits du sol.—Vous ne sauriez, sans injustice, déclarer à la partie de la France qui n'est pas cadastrée, et qui a contribué pour faire cadastrer l'autre,
qu'elle n'aura aucune part dans les avantages dont jouit la
partie terminée, et que si elle veut être cadastrée elle-même,
il faudra qu'elle fournisse seule et sans secours aux frais de
cette opération. — Je n'entends nullement me porter le dé-
fenseur des abus qui peuvent exister dans cette partie de
l'administration, c'est au Ministre à les rechercher et à y
mettre un terme.

M. D'Alphonse. — 28 juin 1820. — Le Ministre a annoncé
que la somme de deux millions étoit destinée à solder, en
1820, les travaux exécutés, et à conserver aux agens du cadastre le traitement fixe dont ils jouissent, et que cette dépense étoit réduite au besoin absolu. A moins donc de révo-
quer en doute cette déclaration, de ne pas croire que les
deux millions demandés sont d'un besoin absolu, il est impossible d'en retrancher 500,000 francs, car ce retranche-
ment frapperoit ou sur la solde des travaux exécutés, et alors
il y auroit injustice, ou sur le traitement dont jouissent les
agens du cadastre; mais alors il faudra les renvoyer, car
l'on ne peut pas conserver des agens et ne pas les payer.
Mais si vous les renvoyez, où les retrouverez-vous? Comment les réunirez-vous s'ils vous deviennent nécessaires?

Ainsi, la réduction pourroit entraîner ou une injustice, ou une perte; elle ne seroit donc pas une économie.

Quoique j'aie voté toutes les réductions proposées par la commission, je vote contre celle qui concerne le cadastre, en désirant vivement que l'on fasse, soit sur l'état-major du commissariat, soit sur toutes les parties du cadastre, toutes les économies qui seront possibles; que ces économies soient employées à terminer les opérations qui peuvent être commencées, et que M. le Ministre des finances mette les Chambres à portée de fixer à la session prochaine, le sort du cadastre.

M. le baron Morisset. — 13 juin 1820. — Les motifs et les conséquences des deux millions proposés par le Ministre pour les dépenses du cadastre en 1820, sont faciles à sentir. Il étoit impossible de tenir les yeux plus long-temps fermés sur un système qui, en précipitant les travaux et en les entassant les uns sur les autres sans ordre, sans économie, sans prudence, n'avoit pour but que d'enfanter un chaos tellement inextricable que personne n'osât jamais entreprendre de le débrouiller.

Quelle est en effet la véritable situation du cadastre ? des milliers de plans levés par anticipation, et qui auroient déjà besoin d'une longue et dispendieuse révision pour servir aux expertises : des expertises incohérentes de commune à commune; des matrices de rôles obtenues à grands frais, et déjà dénaturées faute de moyens praticables de conservation ; des instructions pour la plupart inexécutées et inexécutables ; des rétributions mal combinées; une distribution de travaux mal entendue : enfin, une telle complication de détails, que les agens de l'administration peuvent à peine y suffire.

Il étoit d'une sage prévoyance de s'arrêter aux bords de l'abîme; et dans l'état de confusion et de désordre où se trouvent les opérations et la comptabilité du cadastre, de ne pourvoir provisoirement qu'aux dépenses strictement indispensables.

Il reste encore environ 42 millions d'hectares à cadastrer. Les frais seuls de l'arpentage et des expertises portent le prix de l'hectare à 3 francs 50 centimes, et la dépense totale à 140 millions. En admettant que l'on puisse accorder annuellement les 3 millions qu'on est depuis long-temps dans l'usage d'allouer, l'entier achèvement du cadastre exigeroit près de 48 ans. De plus grands sacrifices pourroient, il est vrai, abréger ce terme, mais il seroit encore trop incertain et trop éloigné pour qu'on pût consentir à en faire dépendre le bienfait d'une meilleure répartition, et la fixité de l'impôt dans les départemens, les arrondissemens et les communes.

Si tous les avantages qu'on s'étoit promis du parcellaire se réduisent, en dernière analise, à rectifier la répartition individuelle et à donner aux communes des plans, des états de sections, et des matrices de rôles, tout l'appareil admitratif dont on l'a environné jusqu'à ce jour tombe de lui-même. Cette opération se trouve naturellement circonscrite dans chaque département. Elle devient purement locale, et l'organisation en est infiniment simple.

La centralisation des dépenses du parcellaire dans chaque département, est une conséquence naturelle de sa nouvelle organisation. Du moment, en effet, qu'il est circonscrit dans chaque département, et qu'il prend le caractère d'une refonte générale de matrices de rôles, les départemens ne peuvent être réputés solidaires, et cointéressés à la confection de ce travail. Il est dans l'ordre que chacun d'eux fournisse, séparément et pour ce qui le concerne, aux dépenses qu'il nécessite. L'on peut croire facilement que les conseils généraux se montreront d'autant plus disposés à voter les fonds annuellement nécessaires, que l'opération est tout entière dans l'intérêt des communes et des propriétaires.

On a observé que dans beaucoup de départemens les opérations cadastrales sont plus avancées que dans les autres, et que dès-lors, ceux-ci se trouveroient lésés, si on leur laissoit le soin de fournir à la dépense qui reste à faire pour terminer ce travail.

Cette considération qu'on voudroit faire valoir en faveur du fonds commun, suffiroit seule pour y faire renoncer, car les grandes disproportions qu'on remarque dans les progrès du cadastre d'un département à un autre, sont un abus dont la source est en grande partie dans le fonds commun, ou plutôt elles sont la conséquence de la distribution arbitraire qui a été faite de ce même fonds entre les départemens. Elles proviennent aussi de la facilité qu'on a de prélever sur ce fonds commun une foule de dépenses qui absorbent près du tiers de la somme annuellement affectée au cadastre, et diminuent d'autant celle qu'on pourroit employer à des travaux effectifs.

Il faut être conséquent avec soi-même. Voilà dix ans que la Chambre retentit de plaintes contre la complication des détails, les lenteurs et l'énormité des dépenses du cadastre. Le Ministre, lui-même, déclare qu'il est possible de le rendre plus simple, moins coûteux et plus prompt. Jamais on n'atteindra ce but en maintenant le fonds commun qui n'a été créé que pour favoriser un luxe de dépenses inutiles, et empêcher toute amélioration dans le système.

On met en avant l'intérêt des départemens; au fond, ce ne sont que quelques intérêts particuliers qu'on défend.

L'administration centrale à Paris, qui coûte 85,000 fr. sait très-bien que lorsque le parcellaire sera concentré dans chaque département pour ne servir qu'à la refonte des matrices de rôles, elle peut aisément n'avoir que la consistance d'un simple bureau dans le ministère.

Les inspecteurs qui coûtent annuellement 116,000 fr., et qu'on a eu quelque prétexte de créer lorsqu'il s'agissoit de coordonner les expertises cadastrales d'un bout de la France à l'autre, n'ignorent pas que leur existence, déjà très-équivoque, devient absolument sans objet du moment que le parcellaire n'exige plus que des évaluations proportionnelles entre les propriétaires dans chaque commune, et que leur concours, pour établir cette proportion, est inutile.

Les autres natures de dépenses subiront également des modifications plus ou moins importantes, parce que l'administration locale est intéressée à les réduire à celles strictement indispensables.

Qu'on supprime le fonds comanun, et l'on verra si le système actuel du cadastre trouvera au dehors de la Chambre des apologistes aussi ardens à le défendre.

Il est, dit-on, des départemens pauvres qui, livrés à leurs propres ressources, ne pourront pas fournir à la dépense, et où le parcellaire éprouvera les mêmes lenteurs dont on se plaint aujourd'hui.

Quelles seront les dépenses du parcellaire, lorsqu'il sera centralisé dans chaque département ?

Les frais des expertises seront presque nuls, puisqu'elles seront confiées aux propriétaires.

Les frais de confection des matrices de rôles seront réglés avec la même modération qu'ils le sont aujourd'hui.

Restera l'arpentage dont le travail est, à la vérité, le plus long et le plus dispendieux ; mais tout le monde sait que dans les départemens pauvres, l'arpentage coûte bien moins que dans les départemens fertiles ; dans ceux-ci, les propriétés sont très-divisées, et les frais de l'arpentage, y augmentent en raison de la multiplicité des parcelles. Dans les départemens pauvres, au contraire, les parcelles sont très-étendues, parce que le sol y est de peu de valeur. L'arpentage par là même y est moins détaillé et conséquemment moins dispendieux.

Il faut dire aussi que dans les départemens peu fortunés, les conseils généraux ne manqueront point de combiner le vote des fonds annuels avec les facultés des communes, sauf à prolonger un peu plus le travail, afin que la dépense en soit moins sensible. Comme la répartition aura déjà été faite dans les trois premiers degrés, il ne sera pas rigoureusement nécessaire que le parcellaire marche partout avec autant de célérité, que s'il eût fallu en attendre les résultats pour procéder à cette même répartition.

La centralisation des dépenses dans les départemens, servira mieux leurs intérêts et la cause même du cadastre que la continuation des fonds communs ; car personne n'ignore l'exactitude avec laquelle les dépenses départementales et communales sont imposées et acquittées, tandis que le moindre événement peut mettre le trésor dans le cas de ne faire aucun sacrifice. Les travaux du cadastre seront alors forcément suspendus. On ne paiera que l'administration du cadastre qui n'aura rien à faire, les inspecteurs qui auront moins à faire encore, et les ingénieurs vérificateurs qui seront oisifs. La classe intéressante et laborieuse des géomètres arpenteurs restera sans ouvrage et sans moyens d'existence.

M. le baron Louis. — 28 juin 1820. — Rien n'est plus difficile que de connoître le produit net des terres. Aussi n'est-il pas étonnant que le cadastre, qui a pour objet de fixer ce produit, éprouve tant de difficultés ? Nous avons vu dans les sessions précédentes qu'il faudroit recommencer l'opération du cadastre, s'il falloit procéder par égalité complète entre particuliers pour arriver à l'égalité complète entre communes et entre cantons. Au lieu de procéder par les propriétaires, vous avez considéré les 86 départemens comme 86 unités sur lesquelles vous deviez répartir l'impôt foncier. Nous avions cherché ici deux avantages, l'égalité de l'impôt et sa fixité, et nous allons travailler peut-être pendant 50 ans pour atteindre ce but ; mais l'impôt ne pourra pas rester fixe trois ans. Il faut qu'il suive les changemens et les inégalités qui surviennent dans les produits des propriétés foncières. Vous êtes bien les maîtres de désirer cette fixité, mais vous ne pouvez pas l'atteindre. Il m'avoit semblé, dans les sessions précédentes, que vous étiez tombés d'accord qu'une égalité rigoureuse étoit impossible, qu'il falloit se contenter d'une qualité approximative, qu'ainsi il falloit abandonner le chemin le plus long, celui qui consiste à commencer par l'évaluation de chaque propriété individuelle pour arriver à l'é-

valuation du revenu de chaque département. On a bien senti
que pour parcourir ce chemin, il faudroit beaucoup plus de
millions, de patience et de temps que notre intérêt ne nous
permettoit d'y consacrer, et l'on a reconnu qu'il falloit arriver à la connoissance des forces contributives des départemens par des opérations sommaires et d'ensemble. Si donc
vous persistez dans cette opinion, et M. le Ministre a paru
l'approuver, le travail pourra vous être remis lors de la session prochaine. Pour acquitter les dépenses exigibles jusqu'à
cette époque, il suffit des 1,500,000 francs proposés par la commission ; mais, si l'on veut continuer le cadastre d'après les
bases sur lesquelles il a été commencé, afin d'obtenir la
comparaison de toutes les propriétés, de toutes les communes,
de tous les cantons, ce n'est point 2 millions qu'il faut accorder, mais 20 millions : autrement, vous jetez votre argent
par les fenêtres.

M. le comte Beugnot, au nom de la commission. — 28 juin
1820. — Depuis cinq ans que j'ai l'honneur de siéger dans
cette Chambre, j'ai entendu tout ce qu'on peut dire pour
ou contre le cadastre ; mais si je ne me trompe, il est jugé
par la Chambre, et il me suffira, pour vous en convaincre,
de vous rappeler vos antécédens.

Vous vous rappelez qu'après une assez vive discussion sur
la question de savoir si le cadastre pouvoit ou non servir à
quelque chose, la loi du 15 mai 1818 a ordonné qu'il seroit
présenté à la Chambre une nouvelle répartition de la contribution foncière entre les départemens, basée sur les résultats du cadastre, combinés avec les baux, les actes de
vente et les autres renseignemens au pouvoir de l'administration. Ce travail a été exécuté et soumis à la Chambre, qui
l'a adopté en partie, puisqu'elle y a trouvé la raison du dégrèvement qu'elle a prononcé en 1819, et qu'elle devoit
compléter en 1820. Il résulte de là que la Chambre a décidé
qu'elle n'attendroit pas la fin du cadastre pour opérer une

répartition nouvelle et définitive de la contribution foncière
entre les départemens ; et assurément elle n'a pas de motifs
pour revenir sur cette détermination. Vainement repren-
droit-on l'idée d'attendre pour cette répartition la fin du cadastre ? Jusqu'à présent cette coûteuse opération n'a rien
procuré de ce qu'elle a promis. D'abord, on avoit eu l'intention de se servir du cadastre pour mettre en péréquation
les cantons dans tous les départemens, et de réunir la masse
de leurs contingens pour les répartir entre eux au prorata de
leur revenu cadastral. Il fallut renoncer à ce parti, parce
qu'on trouve devant soi l'écueil toujours subsistant de la
diversité arbitraire des évaluations. On essaya d'opérer sur
les cantons cadastrés d'un même département, sans distinction des arrondissemens dont ils faisoient partie; ici on ne
fut pas plus heureux. Enfin, d'après la loi du 15 mai 1818,
on descendit d'un degré plus bas, on essaya de la péréquation entre les cantons cadastrés d'un même arrondissement :
on ne réussit pas mieux. Ainsi, jusqu'à présent, le cadastre
n'a servi à rien. Vous savez cependant que déjà il vous coûte 41
millions. Vous pouvez y dépenser encore 50 millions et vingt
ans de travaux. Il est fort à craindre que ceux qui en délibére-
ront à cette époque ne trouvent en fin de compte que beaucoup
de temps et d'argent perdu. C'est pour ne pas courir cette
chance que la Chambre s'étoit fixée, dès 1818, à un parti fort
sage, et qui fut adopté dans votre commission des finances,
d'après l'opinion prononcée d'un de nos collègues, de M. de
Villèle. On conservoit ce qui étoit fait, mais on étoit décidé
à établir avant tout, et avec les moyens qui sont maintenant
en notre pouvoir, une répartition nouvelle et définitive de
la contribution foncière, comme le veut en effet la loi du 15
mai 1818, comme vous avez commencé de le faire en 1819,
comme il est regrettable que vous ne le fassiez pas en 1820.
Cette fixation, une fois déterminée, le cadastre peut reprendre
son utilité : il suffiroit alors de le renvoyer aux départemens,
qui en adopteroient les formes et pourroient, en les perfection-
nant, s'en servir utilement pour rectifier la répartition dans les

autres degrés. La Chambre avoit adopté ce système par le dégrèvement accordé l'an passé; et, quoique l'opinion prononcée de la Chambre eût dû imposer de la retenue sur ce point, les travaux du cadastre ont continué sur le même pied, s'ils n'ont été exagérés. Cette considération a frappé votre commission : elle a cru que plus vous accorderiez de fonds, plus vous vous enfonceriez dans le mauvais système, dont vous avez manifesté l'intention de vous dégager.

Ensuite, la commission a dit que l'état-major du cadastre, en inspecteurs généraux, en directeurs généraux ou spéciaux, dépensoit 616,200 francs; et elle a cru que c'étoit là qu'il falloit frapper. Laissant donc à la disposition du gouvernement une somme de 1,500,000 francs, à laquelle on peut évaluer les travaux essentiels, tels que ceux des géomètres-arpenteurs, qui sont, sans contredit, la partie du personnel du cadastre la plus laborieuse et la plus utile, et en n'assurant au reste qu'une somme proportionnée aux travaux de la direction générale, on pouvoit économiser une somme de 500,000 francs sur la reste de la dépense.

La seule difficulté qu'on pourroit élever seroit celle de savoir si, le cadastre ayant été payé jusqu'alors sur les fonds généraux, son achèvement, même en le renvoyant aux départemens, ne devroit pas être pris sur les mêmes fonds, afin de conserver la justice distributive entre les départemens où les opérations sont fort avancées, et ceux où elles ne font que commencer. Cette question mérite d'être traitée : elle devra l'être lorsqu'on renverra le cadastre aux départemens; mais, dans la prévoyance, et volontiers je dirois, la certitude de cette mesure, il suffit d'affecter à la dépense de cette année, un crédit de 1,500,000 francs, et je persiste dans la réduction proposée par la commission.

M. le Ministre des finances. — 28 juin 1820. — Il ne s'agit pas en ce moment de savoir si le cadastre sera conservé : chacun reconnoît que la question de son existence ou des changemens qu'il peut éprouver dans son application, ne devra être examinée qu'à la session prochaine, lorsque vous aurez à vous occuper d'une nouvelle répartition de l'impôt foncier et de l'exécution des dispositions de la loi du 15 mai 1818.

Il s'agit donc uniquement de la fixation du crédit demandé pour cette dépense en 1820, et de savoir si la somme de deux millions, proposée par le Gouvernement, sera réduite de 500,000 francs, conformément à l'amendement de la commission.

Le crédit pour le cadastre a été porté dans les années précédentes à trois millions. Ce n'est que par la difficulté que j'ai éprouvée à balancer les recettes par les dépenses, que je me suis déterminé à ne demander que deux millions pour cette année. Mais il est impossible que cette somme soit diminuée. Elle ne sera même employée que dans une foible proportion à des travaux nouveaux.

Il n'en est pas des dépenses du cadastre comme des autres dépenses. Leur situation dépend des travaux ordonnés, et il n'est pas possible de la connoître avec exactitude, jusqu'à ce qu'ils soient terminés. Je m'en suis fait rendre un compte approximatif au commencement de cette année. Il résulte de celui qui m'a été présenté à cette époque, qu'elles excédoient de trois millions les crédits accordés. Mais comme pour ces opérations les dépenses d'une année se lient et se confondent avec celles de l'année qui suit, la somme que vous accorderez sera, pour une grande partie, employée à solder des travaux des années précédentes, et viendra en atténuation de dépenses déjà faites.

Cette considération est un nouveau motif de ne point admettre la réduction de 500,000 francs proposée par la commission.

Nota. L'opinion du Ministre des finances a été adoptée. Les deux millions demandés pour les dépenses du cadastre en 1820, seront compris dans le budget.

SUSPENSION *de la nouvelle répartition entre les cantons cadastrés.*

ART. 25. La nouvelle répartition entre les cantons cadastrés, ordonnée par l'article 37 de la *loi du 15 mai 818,* est suspendue pour 1820.

Motifs de cette disposition, extraits du rapport du Ministre des finances sur le Budget de 1819.

L'idée de rectifier les contingens des cantons successivement et à mesure qu'ils seroient cadastrés, remonte à 1813; et l'expérience a prouvé combien sur ce point, comme sur tant d'autres, le cadastre a trompé toutes les espérances qu'on avoit pu d'abord en concevoir.

La loi des finances du 20 mars 1813, avoit ordonné que la masse des contingens fonciers de tous les cantons cadastrés d'un même département, seroit répartie entre eux, à partir de 1815, au prorata de leur revenu cadastral réuni.

Cette disposition fut exécutée, mais elle donna lieu à des réclamations si justes, qu'il fut impossible de ne point les accueillir. Les cantons dont les contingens avoient été augmentés, obtinrent le dégrèvement du montant de cette augmentation. Le fonds de non-valeur vint à leur secours.

Cette péréquation cantonale a été suspendue pour 1815, 1816 et 1817, par les lois des finances des 23 septembre 1814, 28 avril 1816 et 25 mars 1817. Tous les cantons cadastrés reprirent le contingent qu'ils avoient en 1813.

On crut remédier aux vices de cette péréquation, en renonçant à l'appliquer aux cantons cadastrés de tout le département, pour ne la faire porter que sur ceux de chaque arrondissement. Prescrite pour 1819 par la loi du 15 mai 1818, elle fut de nouveau suspendue par la loi du 17 juillet 1819. Le rapport sur le budget de la même année contient les motifs de cette détermination.

Les inconvéniens de cette opération, dit le Ministre, sont moins grands sans doute, mais le sont encore beaucoup. La péréquation est juste dans son application générale à tous les cantons cadastrés d'un même arrondissement. Elle cesse de l'être du moment où elle ne s'exécute que partiellement. En vain objecteroit-on que les expertises de toutes les communes d'un même canton ayant été dirigées d'après les mêmes principes et sanctionnées par l'assemblée cantonale, les évaluations dans chaque canton doivent avoir le même caractère de justesse et de régularité.

Chaque assemblée cantonale opère sous l'influence de l'intérêt local. Elle ne peut et ne doit même agir que dans des vues étrangères à ce qui se passe ailleurs. Elle n'est appelée qu'à établir une proportion exacte dans les estimations des diverses communes de son ressort. Ainsi les évaluations cadastrales dans l'intérieur d'un canton, peuvent être régulières et cependant comparées avec celles d'un autre canton, offrir de grandes inégalités. Pourroit-il même en être autrement, lorsqu'un premier canton n'a point servi de régulateur aux autres, lorsque les cantons cadastrés sont le plus souvent séparés par des distances, et diversifiés par des cultures qui rendent toute comparaison extrêmement difficile, lorsque les travaux ont été exécutés par des experts indépendans les uns des autres, et dont on ne peut attendre ni le même degré d'intelligence, ni la même unité de vues et de principes ?

Une répartition nouvelle entre des cantons dont les forces contributives offrent nécessairement de grandes différences, ne peut donc, je le répète, être juste qu'autant qu'elle sera précédée d'un nivellement des évaluations. C'est ainsi qu'on procède lorsqu'il s'agit de changer les contingens des communes d'un canton. Les évaluations sont discutées, comparées et nivelées dans une assemblée composée d'un propriétaire délégué par chaque commune. Les cantons destinés à être mis en péréquation ont droit à la même garantie, et si dans l'état des choses elle leur étoit accordée, quel en seroit le résultat ? qu'il faudroit revenir sur ce qui a été fait, modifier les évaluations, changer les matrices, et ce qui seroit plus fâcheux encore, se condamner à recommencer chaque année ce travail ; car chaque année un *nouveau* canton entrant en péréquation avec les cantons précédemment cadastrés, les contingens des cantons et communes varieroient en plus ou en moins ; alors plus de fixité dans l'impôt, plus de stabilité dans le sort des propriétaires, plus de bases certaines dans les transactions. Telles seroient les conséquences inévitables d'une pareille mesure.

C'est d'après ces considérations que la nouvelle répartition entre les cantons cadastrés qui devoit avoir lieu pour 1819, a été suspendue ; elle l'a été, d'après les mêmes motifs, pour 1820.

BOIS ET AUTRES PROPRIÉTÉS *devenus exempts ou passibles de la contribution foncière.*

ART. 21. Le montant de la contribution foncière mise par des rôles particuliers, en 1819, sur les bois qui ont cessé, à quelque titre que ce soit, de faire partie du domaine de l'Etat, sera, pour 1820, ajouté au contingent de chaque département, de chaque arrondissement et de chaque commune.

Observations sur cet article, extraites des différentes instructions ministérielles.

Des bois qui n'étoient point imposables, parce qu'ils faisoient partie du domaine de l'Etat, ont été vendus en 1819 à des particuliers, et sont devenus, comme toutes les propriétés, passibles de la contribution foncière. Ils ont été imposés dans des rôles particuliers. L'état du montant de ces rôles a été adressé au Ministre des finances; et la contribution en principal, que ces bois ont payée en 1819, a été ajoutée au contingent du département pour 1820.

Cependant il peut se faire que ces bois, dans une commune, aient été évalués trop fortement; que les propriétaires aient réclamé, et que des cotes aient été réduites par décision du conseil de préfecture.

La somme ajoutée, pour ces bois, au contingent du département, doit dès-lors être diminuée en principal du montant de la réduction qui aura été accordée. Autrement les réclamations se reproduiroient et les communes seroient grevées d'une réimposition qu'elles ne doivent pas supporter.

Il peut arriver aussi que la somme ajoutée au contingent du département ne donne pas le principal de tous les rôles qui ont été confectionnés pour ces bois; parce qu'il y en aura eu d'expédiés postérieurement à l'état envoyé par le directeur, il est juste qu'elle soit augmentée du montant de la différence.

Au surplus, la somme ajoutée au contingent d'un département, pour les bois nouvellement imposés, ne doit pas être également répartie sur tous les arrondissemens.

Le conseil général ne doit assigner, à chaque arrondissement, que la portion de la contribution afférente aux bois qui y sont situés.

De même, le conseil d'arrondissement ne doit point répartir sur toutes les communes de son ressort l'augmentation de contribution qu'il a reçue, mais seulement sur les communes dont ces bois dépendent, et au prorata de la contribution que ces bois paient dans chaque commune.

ART. 22. Les bois et autres propriétés qui n'auroient pas été compris dans les rôles particuliers de 1819, et qui cesseroient ultérieurement de faire partie du domaine de l'État, ou deviendroient imposables pour toute

autre cause, seront, d'après une matrice particulière
rédigée dans la forme accoutumée, cotisés comme les
autres bois et propriétés de même nature, et accroîtront
le contingent de chaque département, de chaque arrondissement et de chaque commune.

Observations sur cet article.

Cette disposition est une conséquence nécessaire du principe général, d'après lequel toute propriété productive, qui
n'est point comprise dans les exceptions prononcées par la
loi, doit être soumise à l'impôt. Ainsi un terrain, par le
retirement de la mer, par le changement de lit d'un fleuve,
d'une rivière ou d'un torrent, par la nouvelle direction
donnée à une route, peut avoir reçu une culture et se trouver susceptible d'être imposé en 1820 ; des bois et d'autres
propriétés qui n'étoient point imposables, comme dépendant
du domaine de l'Etat, peuvent appartenir à des particuliers
par suite d'une vente, d'une succession ou d'un échange. Ces
propriétés doivent être évaluées comme celles de même nature, portées sur une matrice particulière, et cotisées dans
un rôle expédié par le directeur des contributions. Le directeur doit envoyer le montant de ces rôles au ministre pour
que la contribution que ces propriétés ont payée en 1820,
soit ajoutée au contingent du département pour 1821.

ART. 23. A l'égard des propriétés de toute nature qui,
ayant appartenu à des particuliers, passent dans le domaine de l'Etat ou sont entrées dans la dotation de la
couronne, et des propriétés non-bâties qui, pour toute
autre cause, cessent d'être imposables, et deviennent,
à ce titre, libres de la contribution foncière, les com-

munes, arrondissemens et départemens où elles sont situées, seront dégrevés de la contribution jusqu'à concurrence de la part que lesdites propriétés prenoient dans leur matière imposable.

Observations sur cet article.

Une disposition semblable existoit dans la loi des finances de 1819; et, comme on s'étoit mépris sur son véritable sens, le Ministre a donné, dans une circulaire adressée aux préfets, le 20 juillet 1819, les explications qui sont ici textuellement rapportées.

Le dégrèvement, dit le Ministre, doit avoir lieu :

1° Si un bois appartenant à un particulier, et, dès-lors, cotisé à la contribution foncière, étoit entré dans la dotation de la couronne, parce que ce bois, depuis qu'il fait partie de cette dotation, n'est plus porté au rôle, et qu'il y a ainsi perte de matière imposable.

2° Si toute propriété non bâtie, autre que les bois provenant soit du domaine de l'Etat, soit des particuliers, étoit entrée dans la dotation de la couronne, parce que ces propriétés étant ci-devant imposées et ayant cessé de l'être, il y auroit également perte de matière imposable.

3° Si toute propriété ci-devant portée au rôle et n'existant plus, soit parce qu'elle a été successivement corrodée, soit parce qu'elle a disparu sous les eaux, ne laissoit plus de matière imposable.

4° Si des terrains étoient pris pour construction de grandes routes et de canaux.

Le dégrèvement ne doit pas avoir lieu :

1° Si un bois étoit passé du domaine de l'Etat dans la dotation de la couronne, parce que le département ayant obtenu un dégrèvement à l'époque où ces bois ont cessé d'être imposables, époque bien antérieure à la formation de eette dotation, il n'auroit véritablement rien à réclamer à cet égard.

2° Si toute propriété autre que les bois étoit rentrée dans le domaine de l'Etat, parce que la régie paie l'imposition pour ces biens, comme la payoient les ci-devant détenteurs.

Au moyen de ces développemens, les conseils municipaux seront plus à portée de prendre des délibérations, si leurs communes se trouvoient avoir droit au bénéfice de la loi.

Les délibérations devront constater d'une manière précise :

1° La nature et la contenance de la propriété indiquée comme ne devant plus être imposée....

2° Le montant de son revenu imposé dans la matrice.

3° Le montant de sa cotisation en principal.

Les préfets devront, lorsque ces délibérations leur seront soumises, après s'être procuré de nouveaux renseignemens, s'ils le jugent convenable, sur l'avis du directeur des contributions, et après avoir entendu le conseil de préfecture, prendre un arrêté motivé qu'ils adresseront au Ministre.

C'est sur ces délibérations et l'arrêté des préfets que le Ministre doit soumettre au Roi l'ordonnance d'après laquelle le département reçoit le dégrèvement auquel il a droit.

ART. 24. L'état des nouvelles cotisations et des dégrèvemens qui sont mentionnés dans les trois articles précédens, sera annexé au budget de chaque année.

L'état des cotisations et des dégrèvemens effectués, depuis la restauration, par départemens, cantons et communes, sera annexé au budget de 1821.

Observations sur cet article.

C'est une disposition d'ordre qui ne se trouvoit point dans les lois précédentes, et que la commission des voies et moyens avoit proposé d'ajouter à la loi de 1820. Le ministre des finances a consenti à son adoption.

CANAUX *de navigation.*

Contribution foncière de ces canaux.

ART. 26. La loi du 25 avril 1803 (5 floréal an 11) pour la contribution foncière des canaux navigables, sera désormais applicable à tous les canaux de navigation existans, comme à ceux qui seroient construits par la suite.

Les communes, arrondissemens et départemens, que traversent les canaux existans, seront dégrevés de la contribution foncière, jusqu'à concurrence de la somme dont cette opération diminueroit le contingent actuellement attribué à ces canaux.

Observations sur cet article.

Les lois des 25 février 1791 et 23 novembre 1798 (3 frimaire an 7), avoient assujetti les canaux de navigation à la contribution foncière à raison de leur revenu net, comme toutes les autres propriétés.

Pour encourager et multiplier ces sortes d'établissemens, la loi du 5 floréal an 11 ordonna que tous les canaux de navigation qui seroient faits à l'avenir, soit aux frais du domaine public, soit aux dépens des particuliers, ainsi que les *anciens canaux dépendant du domaine public*, ne seroient taxés à la contribution foncière qu'à raison du terrain qu'ils occupent comme terre de première qualité.

Le silence de la loi sur les *anciens canaux appartenant à des particuliers*, avoit fait présumer que ces canaux devoient continuer d'être imposés à raison de leur revenu. Cette distinction, contraire à l'esprit de la loi du 5 floréal an 11, qui a voulu environner de la même protection toutes les entreprises de ce genre, a donné lieu à des réclamations qui ne peuvent plus exister aujourd'hui.

Tous les canaux soit anciens, soit nouveaux, appartenant soit au domaine public, soit à des particuliers, ne sont désormais imposables qu'à raison du terrain qu'ils occupent, ainsi que les francs-bords, magasins et maisons d'éclusiers. Les autres maisons d'habitation et usines dépendant desdits canaux, doivent, d'après l'article 3 de la loi du 5 floréal an 11, dont les dispositions à cet égard n'ont pas été abrogées, continuer d'être imposées comme les autres propriétés de même nature.

Les anciennes lois avoient aussi ordonné que les canaux seroient cotisés par département. Ce mode de cotisation étoit le seul praticable lorsqu'on les taxoit sur leur produit; mais du moment que le terrain seul qu'ils occupent est imposable, c'est par commune qu'ils doivent être cotisés, et ils doivent dès-lors être compris dans les matrices de rôles des communes qu'ils traversent, à raison de la portion du canal qui passe sur le territoire de chacune d'elles : l'article 4 de la loi du 5 floréal an 11 est précis à cet égard, et doit être exécuté.

Enfin, pour ce qui concerne la réduction de contribution en principal à accorder aux départemens, aux arrondissemens et aux communes, dans les cas où elle doit avoir lieu, c'est à MM. les préfets à la constater par un arrêté, pris sur la délibération des conseils municipaux, ainsi que cela est déjà observé pour les autres parties de matière imposable.

CIRCULAIRE *du Ministre des finances aux Préfets sur la contribution foncière des canaux.*

Du 27 juillet 1820.

La loi, M. le Préfet, du 23 de ce mois porte, art. 26, titre II :

« La loi du 25 avril 1803 (5 floréal an 11), pour la contri-
» bution foncière des canaux navigables, sera désormais ap-
» plicable à tous les canaux de navigation existans, comme
» à ceux qui seroient construits par la suite.

» Les communes, arrondissemens et départemens que tra-
» versent les canaux existans, seront dégrevés de la contri-
» bution foncière jusqu'à concurrence de la somme dont cette
» opération diminueroit le contingent actuellement attribué
» à ces canaux. »

Il résulte de cette disposition que tous les canaux de navi-gation doivent être cotisés à la contribution foncière, non d'a-près leur revenu présumé, mais d'après leur superficie et sur le pied des meilleures terres labourables.

Si, dans votre département, les propriétaires de canaux n'avoient été cotisés que d'après la surperficie et sur le pied des meilleures terres labourables, la disposition de la loi se trouveroit remplie.

Dans le cas contraire, vous ferez les dispositions conve-nables pour que la réduction de contribution en principal qui devra être accordée aux départemens, aux arrondisse-mens et aux communes, soit constaté par des arrêtés que vous prendrez sur la délibération des conseils municipaux, ainsi que cela a déjà eu lieu pour les autres pertes de matière imposable.

Cette opération devant entraîner des délais, et le réparte-ment, ainsi que le sous-répartement de 1820, étant de la plus grande urgence, les contingens des arrondissemens et des communes, ainsi que les taxes des propriétaires, resteront, sous ce rapport, provisoirement les mêmes pour cette année : vous ferez jouir, au surplus, ces derniers du bénéfice de la loi, en leur accordant, aussitôt que vous aurez été à portée de le faire, toute réduction nécessaire sur 1820.

Vous serez exact à m'envoyer les délibérations des conseils municipaux et les arrêtés que vous aurez pris, afin que je puisse, à compter de 1821, faire régler, par une ordonnance royale, la diminution que devront éprouver les communes, les arrondissemens et le département.

CONTRIBUTION PERSONNELLE ET MOBILIERE.

Nouveau mode de répartition de la Contribution personnelle entre les arrondissemens et les communes.

Art. 27. LE contingent en contribution personnelle de chaque arrondissement et de chaque commune sera fixé, par le conseil général du département et par les conseils d'arrondissement, d'après le nombre des contribuables passibles de cette contribution , multiplié par le prix de trois journées de travail.

Motifs de ce nouveau mode.

D'après la loi du 23 décembre 1798 (3 nivôse an 7) , le prix des trois journées de travail devoit être multiplié par le sixième de la population pour former le contingent personnel des arrondissemens et des communes.

La population n'étoit entrée dans la base de l'impôt personnel que parce qu'elle avoit été considérée comme un indice certain de la richesse et de la prospérité des communes.

En admettant ce principe, qui pourroit toutefois, sous plusieurs rapports, être combattu avec avantage, il auroit fallu du moins que la population eût été partout scrupuleusement établie. Or, les faits prouvent qu'elle ne l'a été nulle part : les déclarations sont inexactes , les recensemeus sont irréguliers : chaque commune a plus ou moins déguisé sa véritable population, et la déguisera toujours. Prendre pour régulateur une donnée aussi arbitraire et incertaine, c'eût été s'exposer à de graves erreurs.

Comment surtout assujettir rigoureusement à la contribution personnelle le sixième de la population de chaque commune, lorsqu'il est démontré qu'après avoir retranché les enfans, les femmes mariées et les indigens, il est telle commune, où le sixième de la population ne peut être cotisé; tandis que dans telle autre on peut facilement imposer le quart ou le cinquième de la population totale.

Il est bien plus naturel de partir pour chaque commune, ainsi que la nouvelle loi le prescrit, du nombre des individus réellement passibles de l'impôt. On a déjà de fortes raisons pour croire que la force de l'impôt, jointe à la surveillance que l'intérêt local conduit tous les contribuables à exercer les uns sur les autres, a mis les répartiteurs dans l'obligation d'imposer à la taxe personnelle tous les individus généralement quelconques qui sont en état de la payer. Mais en admettant qu'il existe des abus à cet égard, l'autorité administrative peut aisément les faire cesser, en exigeant que les répartiteurs comprennent exactement dans les matrices, ainsi que la loi le prescrit, tous les individus domiciliés dans la commune, jouissant de leurs droits, et non réputés indigens.

NOUVELLE FIXATION *de la journée de travail dans chaque commune.*

ART. 28. La valeur de la journée de travail ne pourra, conformément à l'article 5 de la loi du 23 décembre 1798 (3 nivôse an 7), être au-dessous de cinquante centimes, ni au-dessus d'un franc cinquante centimes.

Elle sera de nouveau réglée dans toutes les communes, à raison de leur importance et des avantages dont elles jouissent, par les conseils généraux de département, sur la proposition des préfets.

CIRCULAIRE *du Ministre des finances aux Préfets, sur la nouvelle fixation du prix de la journée de travail.*

Du 26 juillet 1820.

Le mode, Monsieur le Préfet, prescrit par la loi du 3 nivôse an 7 pour la répartition de la contribution personnelle et mobilière entre les arrondissemens et les communes, entraînoit dans son exécution des inconvéniens très-graves.

Les dispositions de la loi du 23 de ce mois ont pour but de les faire cesser.

L'article 27 de cette loi s'exprime ainsi :

« Le contingent en contribution personnelle de chaque
» arrondissement et de chaque commune sera fixé par le
» conseil général du département et par les conseils d'arron
» dissement, d'après le nombre des contribuables passibles
» de cette contribution, multiplié par le prix de trois jour
» nées de travail. »

Et l'article 28 porte :

« La valeur de la journée de travail, ne pourra, confor
» mément à l'article 5 de la loi du 3 nivôse an 7, être au
» dessous de cinquante centimes, ni au-dessus d'un franc
» cinquante centimes ; elle sera de nouveau réglée dans toutes
» les communes, à raison de leur importance et des avantages
» dont elles jouissent, par les conseils généraux de départe
» ment, sur la proposition des préfets.

Il est dit enfin par l'article 29 :

« L'article 9 de la loi du 3 nivôse an 7, qui veut que le
» contingent mobilier des arrondissemens et des communes
» soit fixé, un tiers en raison de la population, et les deux
» autres tiers au centime le franc de toutes les patentes de
» chaque commune, est abrogé. Le contingent des départe
» mens, des arrondissemens et des communes sera fixé d'a
» près les valeurs locatives d'habitation. »

Telles sont, Monsieur le Préfet, les dispositions qui doivent mettre les conseils-généraux de département et les conseils

d'arrondissement à portée de rectifier, soit les erreurs pri-
mitives, soit les inégalités que la succession des temps a pu
introduire dans les contingens des arrondissemens et des
communes. Mais cette tâche ne seroit qu'imparfaitement remplie, et les rectifications des contingens ne conduiroient
qu'à déplacer des erreurs, si les conseils généraux n'avoient
point, sur les forces contributives des arrondissemens et
des communes, des données plus certaines que celles qu'ils
ont eues jusqu'à présent. C'est aller au-devant de leur vœu,
que de leur procurer ces renseignemens, qui, pour inspirer
une juste confiance, doivent être le résultat d'opérations dirigées d'après des principes et des procédés uniformes.

Celle dont vous avez à vous occuper immédiatement est
la fixation du prix de la journée de travail dans chaque commune. Ce prix, d'après la nouvelle loi, ne peut être au-dessous de 5o centimes, ni au-dessus d'un franc 5o centimes.
La loi du 3 nivôse avoit prescrit une semblable disposition,
et laissoit ainsi aux corps administratifs toute la latitude
nécessaire pour régler, par des prix intermédiaires et sagement gradués, le taux de la journée de travail dans les différentes communes, eu égard à leur situation plus ou moins
favorable ; mais il paroît que les nuances qui existent entre
leurs ressources comparées n'ont pas été fidèlement observées
partout ; et il est des départemens où le prix de la journée de
travail est le même dans toutes les communes.

Il est vrai de dire cependant que la population, plus ou
moins grande, les richesses agricoles et industrielles, les
ressources de la navigation, les débouchés commerciaux, la
proximité des grandes routes, le voisinage des villes manu-
facturières et commerçantes, ont plus ou moins d'influence
sur l'aisance des habitans et la prospérité d'une commune.
Le prix de la journée doit, dès-lors, nécessairement varier,
et s'établir, comme la loi le prescrit, en raison de l'importance des localités, et des faveurs de position dont elles
jouissent.

Je vous invite, Monsieur le Préfet, à ne point perdre ces

considérations de vue dans la fixation du prix de la journée de travail dont vous allez vous occuper, et que vous devrez soumettre au conseil général, qui prendra, à cet égard, une délibération spéciale, dont vous voudrez bien m'envoyer une copie.

Vous aurez soin d'en adresser pareillement une au directeur des contributions, pour qu'il ait à s'y conformer dans la confection des rôles de 1820.

L'estimation, au surplus, des valeurs locatives d'habitation qui doivent servir de base pour la répartition de la contribution mobilière entre les arrondissemens et les communes, mais à partir seulement de 1821, sera l'objet d'une instruction particulière que j'aurai l'honneur de vous transmettre incessamment.

NOUVEAU MODE *de répartition de la Contribution mobilière.*

ART. 29. L'article 9 de la loi du 23 décembre 1798 (3 nivôse an 7), qui veut que le contingent mobilier des arrondissemens et des communes soit fixé, un tiers en raison de la population, et les deux autres tiers au centime le franc de toutes les patentes de chaque commune, est abrogé.

Le contingent des départemens, des arrondissemens et des communes, sera, à partir de 1821, fixé d'après les valeurs locatives d'habitation.

Observations.

Le mot *départemens* ne se trouvoit point dans le projet de loi présenté par le Gouvernement. Il y a été ajouté par amendement. Le Ministre, en proposant cet article, ne vouloit que procurer aux conseils généraux de département et aux conseils d'arrondissement, les moyens de rectifier les contigens mobiliers des arrondissemens et des communes. C'est par suite des discussions auxquelles il a donné lieu, qu'il a été décidé que le nouveau mode de répartition seroit appliqué *aux départemens*.

La commission des voies et moyens avoit au surplus proposé :

1° De séparer à l'avenir la contribution personnelle de la contribution mobilière, soit dans sa quotité, soit dans sa répartition entre les départemens, les arrondissemens et les communes.

2° De rejeter la valeur locative d'habitation, et de maintenir la population et les patentes pour bases de la répartition de la contribution mobilière.

C'est sur ces deux questions principalement qu'ont porté les délibérations de la Chambre.

DISCUSSIONS *sur la séparation du contingent personnel et du contingent mobilier dans les états de répartition.*

M. le comte Beugnot. — 7 juillet 1820. —La raison donnée par la commission du changement qu'elle propose, c'est que la contribution personnelle et la contribution mobilière n'ont entre elles aucun rapport, ni dans leur nature, ni dans leur objet, ni dans leur répartition. Elle veut donc qu'on les présente et qu'on les propose séparément, afin qu'on les puisse juger dans leur état absolu et relatif.

Cela seroit bien, si cela étoit facile ; mais voici la difficulté.

Jusqu'ici le tableau de la répartition générale, c'est-à-dire celui que les Chambres arrêtent, a présenté en masse le contingent personnel et le contingent mobilier de chaque département. Le même système est suivi dans le 2e et le 3e degré, c'est-à-dire dans la répartition que font successivement les conseils généraux de département entre les arrondissemens, et les conseils d'arrondissement entre les communes.

Le contingent personnel n'est donc séparé du contingent mobilier qu'au 4ᵉ degré de la répartition, lors de la confection des rôles.

Quelle est la raison de cette confusion aux trois premiers degrés, et de cette distinction au 4ᵉ? Elle s'explique aisément.

Lors de l'assiette des deux contributions sur les particuliers, la contribution personnelle est la première dont on s'occupe; c'est elle qu'on établit d'abord, et la contribution mobilière ne prend que ce que l'autre n'a pas absorbé.

Suivant la loi du 3 nivôse an 7, on établissoit la répartition du contingent de cette contribution, entre les arrondissemens et les communes d'un département, sur le prix de trois journées de travail, multiplié par le 6ᵉ de la population. Cette base étoit fautive, car rien n'indiquoit que partout, et également, le nombre des contribuables fût celui de la population comme six est à un. On y substitue aujourd'hui le prix de trois journées de travail, multiplié par le nombre des individus reconnus passibles de l'impôt; ce qui vaut mieux. Mais, cette base, toute préférable qu'elle soit, n'empêche pas que les deux contributions ne soient, à l'égard l'une de l'autre, dans un état continuel de variation.

On se rappelle que c'est l'état actuel de la population imposable qui détermine le montant de la contribution personnelle, et que c'est ensuite l'étendue de la contribution personnelle qui détermine l'étendue de la contribution mobilière. Or, la population imposable et la contribution personnelle se déplace d'une commune à l'autre. Dans la même commune, des individus sortent de la classe des imposables, et y rentrent. Il ne serviroit par conséquent de rien de fixer à l'avance des contingens sujets à varier chaque année.

Le contingent d'une commune est, par exemple, de 1,000 fr.

Elle peut, d'après les rôles de 1820, offrir en taxes personnelles. . . . .   300 fr.
En taxes mobilières   700

              TOTAL   1,000

En 1821, dans la même commune, les taxes personnelles
peuvent n'être plus que de. . . . .   250 fr.
Les taxes mobilières de.   750

              TOTAL.   1,000

Mais si, comptant sur l'année précédente, le conseil d'arrondissement avoit assigné à cette commune pour 1821, un
contingent exact de 300 francs de contribution personnelle,
où ira-t-elle chercher la matière imposable pour les 50 francs
qui lui manquent? elle ne pourra pas augmenter la cote personnelle, elle est fixe; elle ne pourra pas rejeter l'excédant
qui l'embarrasse sur la contribution mobilière; les deux
contributions seront séparées.

Prenez garde ensuite que l'embarras va se reproduire à
tous les degrés de l'échelle de la répartition, et dans les
Chambres mêmes.

Sur quoi se fonde en effet le Ministre, pour vous proposer
la répartition entre les départemens des contributions personnelle et mobilière de l'année courante? sur les recouvremens de l'année précédente. Ne peut-il pas arriver que dans
un département en particulier, la contribution personnelle
ait absorbé une forte partie, peut-être la totalité de la contribution mobilière? que fera la Chambre pour donner un
contingent mobilier à ceux qui n'en ont pas? elle ne pourra
prendre que l'un de ces deux partis, ou de créer de la contribution à répartir, c'est-à-dire, d'augmenter le contingent
total de la France, ou de diminuer le contingent de certains
départemens, pour composer, de la somme diminuée, le
contingent des autres.

Mais quelle base aura-t-elle pour procéder à ces opérations? Je crois d'abord, que dans l'état actuel des choses,

on y seroit fort embarrassé ; que les moyens de comparaison nous manquent ; et ensuite que ce qui paroitroit vrai , lorsque les Chambres opéreroient leur répartition sur les départemens de la France , pourroit cesser de l'être, lorsqu'on opéreroit la répartition sur les contribuables. La Chambre se rappelle de ce que j'ai dit, que la proportion entre la contribution personnelle et la contribution mobilière pour les communes , dépendoit de l'état actuel de la population imposable.

La contribution d'une année est donc impuissante pour déterminer la quotité de la contribution de l'année suivante.

Tel arrondissement pourra , en 1820, présenter en contingent personnel . . . . 5o,ooo fr.

En contingent mobilier. 10,000

TOTAL. 60,000

Et quand les rôles de 1821 seront faits, la proportion ne sera plus la même.

Le contingent personnel ne sera plus que de.   4o,ooo fr.

Et le contingent mobilier sera de. 20.000

SOMME ÉGALE. 60,000

Assurément je ne prétends pas que rien soit parfait, ni même dans les élémens de la contribution personnelle et mobilière. Je me plaindrois plutôt que, depuis la loi du 3 nivôse an 7, on ait comme abandonné ces deux contributions à leur sort, qui a été fort malheureux. Mais aujourd'hui leur système ressemble à ces édifices, tellement usés par le temps, ou l'insouciance des administrations, qu'on n'y peut pas toucher sans courir le risque de les voir s'écrouler.

Nous aurons assez obtenu , cette année, si le Gouvernement nous présente, pour la session prochaine , des journées de travail réglées dans toutes les communes sur leur importance et les avantages dont elles jouissent , si les valeurs locatives d'habitation sont déterminées de la manière la plus approximativement juste. Attendons-les pour juger de la mesure proposée par la commission. Nous ne devons jamais abandonner l'idée de changemens utiles; mais on les compromet en les précipitant.

Je demande la priorité pour l'article proposé par le Gouvernement.

* * *

M. de Villèle. — 7 juillet 1820. — Il eût été désirable que la commission vous eût expliqué comment elle croit pouvoir séparer le montant de deux contributions, lorsque les élémens de l'une d'elles, sont la population multipliée par le prix de trois journées de travail dans chaque localités Or, ces deux élémens seront également mobiles dans chaque localité : chaque année les conseils généraux s'en occupent. Je désirerois bien la solution du problème; mais il est impossible de la trouver d'une manière isolée et comme la chose est proposée. Certainement le mal est réel. Il y a des départemens où l'on ne touche point à la contribution mobilière, tandis que d'autres départemens sont écrasés sous le fardeau de la contribution personnelle et mobilière. La faute en est à la répartition actuelle que nous avons consentie chaque année. Il faut demander au Gouvernement des élémens nouveaux et des renseignemens positifs pour l'année prochaine. Quand vous aurez ces élémens, ces données et ces bases, vous pourrez alors prononcer; mais jusque-là vous ne pouvez parvenir à aucune amélioration. Vous ne pouvez statuer sur le personnel, que par approximation; pour le mobilier, vous avez besoin de bases positives. Vous devez donc attendre que le Gouvernement vous donne les élémens sans lesquels il est impossible de rien changer à ce qui existe.

Le Ministre des finances. — La commission demande qu'il soit décidé qu'à l'avenir la contribution personnelle sera séparée de la contribution mobilière, soit dans sa quotité, soit dans sa répartition entre les départemens, les arrondissemens et les communes.

Cette division seroit utile, et c'est pour y parvenir que nous vous proposons nous-mêmes, par un article qui sera soumis plus tard à votre délibération, de fixer la contribution mobilière d'après les valeurs locatives d'habitation. Mais le changement demandé par la commission est en ce moment impraticable.

Le tableau de la répartition générale a présenté jusqu'à présent, en masse, le contingent personnel et mobilier de chaque département.

Le contingent est pareillement réparti en masse, entre les arrondissemens et les communes.

C'est dans la commune seulement, et au moment de la confection des rôles, que s'établit la distinction du contingent personnel et mobilier. Cette opération se fait en multipliant, dans chaque commune, le prix des trois journées de travail, par le nombre des individus passibles de l'impôt : ce qui forme le contingent personnel : le surplus du contingent total de la commune, forme son contingent mobilier.

Ainsi le contingent total actuel d'une commune est de 1,200 fr.; les trois journées de travail, de 2 fr. 25 cent., et le nombre des contribuables, de 200.

Les deux cents individus, multipliés par 2 francs 25 centimes, donneront, pour le contingent personnel, 450 fr.; restera pour le contingent mobilier, 750 fr.

Tel est donc l'état de la législation, que le contingent mobilier ne peut être déterminé qu'après la fixation du contingent personnel. Il lui est subordonné.

Mais le contingent personnel résulte de deux bases constamment variables; la population susceptible de cette nature d'impôt, et la fixation de la journée de travail, qui se fait chaque année, par le préfet, après la promulgation de la loi de finances.

En 1820, on pourroit bien connoître, par le rapprochement de tous les rôles, quel a été en France le montant total de la contribution personnelle de 1819; mais on ne peut pas savoir quel sera le montant de cette même contribution pour

1820. Car, au moment où se fait la loi, on ne sait ni quelle est la population actuelle imposable dans chaque commune, ni quelle sera la fixation de la journée de travail ; or, ces deux élémens sont la base de la fixation de l'imposition personnelle ; et la fixation de l'imposition personnelle est elle-même la base de la fixation du contingent mobilier. Il est donc impossible, dans l'état actuel de la législation, que la loi établisse avec distinction pour chaque département, le contingent de l'impôt personnel et de l'impôt mobilier.

Nota. L'opinion du Ministre des finances a été adoptée : les états de répartition de la contribution personnelle et mobilière continueront d'être rédigés comme ils l'ont été jusqu'à présent.

Discussions *sur les valeurs locatives d'habitation.*

M. le comte Beugnot. — 7 juillet 1820. — La loi du 3 nivôse an 7, assignoit deux bases à la fixation du contingent mobilier des arrondissemens et des communes, savoir : *la population et les patentes.* La même loi admettoit les valeurs locatives d'habitation pour bases de la répartition du contingent des communes entre les contribuables. Le gouvernement propose de délaisser comme défectueuses les bases de la répartition entre les arrondissemens et les communes ; c'est-à-dire, la population et les patentes ; et d'admettre pour base unique, à tous les degrés de la répartition, les valeurs locatives d'habitation.

Il faut, autant qu'il est possible, que les bases sur lesquelles on s'appuie pour répartir un impôt, aient un caractère de fixité ; et c'est ce qu'on ne reconnoit ni dans la population, ni dans la patente.

La population imposable est imparfaitement connue dans les communes rurales. D'ailleurs, elle se déplace d'une commune à l'autre, et cette classe toujours ouverte, acquiert ou perd, chaque année, un certain nombre de membres. Elle n'offre donc, dans l'état actuel des choses, qu'un élément incertain pour la répartition de la contribution mobilière.

La patente semble donner une prise plus réelle à l'impôt. Les communes qui renferment des établissemens industriels offrent nécessairement une matière imposable plus riche que celles qui possèdent des propriétés agricoles. Mais ici se présente la difficulté; l'industrie éprouve des vicissitudes qui peuvent, d'un instant à l'autre, modifier la matière imposable d'une commune; en sorte que l'imposition, qui n'est dans une année que dans une juste proportion, peut, dans l'année suivante, devenir accablante. Mais ce n'est pas tout, et voici un inconvénient beaucoup plus grave : la patente ne sert de base qu'à la répartition entre les communes : lors de la répartition individuelle, c'est le loyer d'habitation duquel on part. Or, si dans une commune, des commissionnaires, des marchands en gros, supportent de 7 à 800 fr. de patente, le mode actuellement suivi attire, sur la commune qu'ils habitent, un contingent relatif de contribution mobilière; et, comme ils ne prennent ensuite dans la répartition individuelle que la part afférente à leur loyer, le surplus tombe à la charge des contribuables qui, n'étant point patentés, payent pour les profits présumés de ceux qui le sont; et voilà pourquoi, lorsque l'on compare la contribution mobilière de commune à commune, on y trouve de singulières aberrations. C'est donc avec toute raison que le Gouvernement a conclu de ce qu'on prenoit la valeur locative d'habitation pour base de la répartition du contingent de la commune entre les contribuables, qu'il falloit également la prendre pour la répartition du contingent du département entre les arrondissemens et les communes.

Mais on objecte qu'il est difficile de bien établir les valeurs locatives d'habitation; que le prix du loyer d'habitation n'est pas un fait tellement notoire, tellement uniforme, qu'on doive lui accorder une aveugle confiance.

L'objection n'est pas sérieuse quant aux villes, et même quant aux bourgs. Les loyers d'habitation y ont en général un cours connu. L'administration auroit des moyens de le connoître et de le constater. J'avoue ensuite qu'on rencontre plus de difficultés à établir avec quelque justesse l'estimation des valeurs locatives dans les communes rurales ; que là où il y a peu, ou point de location, il est bien difficile d'en déterminer le prix ; qu'il n'y a point encore de règle ni de mesure pour y procéder, et que par conséquent toute évaluation de cette nature peut être arbitraire.

Cependant ces valeurs sont déjà établies dans les matrices de rôles qui servent à l'assiette annuelle de l'impôt, et il le faut bien, puisque le contingent de chaque commune est réparti entre les contribuables à raison de leur loyer.

Les habitans des campagnes, comme ceux des villes, sont forcés de se loger ; ils ne peuvent se loger sans payer, et si leurs habitations ne peuvent être appréciées d'après les mêmes bases que dans les grandes villes et les bourgs principaux, n'est-il pas possible d'y suppléer par d'autres procédés ?

Voici celui dont l'exécution me paroît la plus facile, et qui a l'avantage de pouvoir être uniformément appliqué à toute commune rurale. On est parti de ce principe, qu'un des premiers besoins de la vie est de se loger, et que chacun fait pour son logement un sacrifice quelconque sur le gain ou le revenu journalier que son état lui procure.

Déjà le prix de la journée de travail aura été fixé dans toutes les communes.

Il ne s'agit plus que de connoître le nombre de journées qu'on peut sacrifier dans une commune pour se loger.

Ce nombre de journées, multiplié par le prix de la journée de travail, donne la valeur d'un loyer ; et ce loyer, multiplié par le nombre des individus imposables, donne le montant des loyers de la commune, passibles de la contribution mobilière.

Un exemple rendra l'application de ce procédé plus sensible.

L'on suppose une commune où le nombre des individus

imposables est de cent. Le prix de la journée de travail est
de 50 centimes; et il y faut abandonner quinze journées de
travail pour se loger.

Les quinze journées de travail, multipliées par 50 centimes, donnent pour le loyer d'un habitant 7 fr. 50 centimes; et cette somme, multipliée par le nombre des cotisés, qui est de cent, porte à 750 fr. le montant des loyers
de la commune, passibles de la contribution mobilière.

L'on ne peut point dire que cette manière d'opérer préju-
dicie aux intérêts de la commune, car ce loyer de 7 fr. 50
centimes n'est que le loyer du plus simple journalier; c'est
par l'application qu'on en fait qu'il devient le prix commun
des habitations de la commune : prix commun qui, en dernière analise, devroit résulter de la combinaison des plus
fortes et des plus foibles locations, et qui, cependant, n'é-
tant établi que d'après le loyer le plus foible, ne peut qu'être
avantageux à la commune. Comme il y a pour le prix de la
journée de travail un *minimum* de 50 centimes et un *maximum* de 1 fr. 50 centimes, il seroit juste d'établir la même
règle pour le nombre des journées de travail qui, dans les
différentes communes, seroit abandonné pour le logement.

En portant le *minimum* des journées à 15, et le *maximum*
à 30, les administrations locales auroient, dans chaque
département, une marche suffisante pour graduer la quotité
de journées de travail qu'il faut abandonner pour le logement
dans les différentes communes, suivant leur importance et
les faveurs de position dont elles jouissent.

Ce *maximum* et ce *minimum* seroient deux régulateurs
indispensables pour procurer des évaluations de loyers trop
exagérées, ou trop affoiblies.

Il est bon, au surplus, d'observer que l'opération dont il
s'agit n'a pour but que de faciliter *la répartition du contingent du département entre les arrondissemens et les communes*, et d'établir pour chaque commune une matière imposable qui serve de base pour régler son contingent mobilier; car ce contingent une fois fixé, il ne reste plus qu'à

le répartir entre les contribuables, et c'est l'ouvrage des répartiteurs.

Toûjours est-il vrai de dire que, lorsque, par une pareille mesure ou d'autres sagement combinées, on sera parvenu à obtenir, dans toutes les communes, des valeurs locatives plus raisonnables que celles qui existent, le conseil général du département aura, pour répartir son contingent mobilier entre chaque commune, un élément certain. Les contingens réunis des communes formeront celui de chaque arrondissement, et la répartition de la contribution mobilière dans tous les degrés aura été établie d'après la même base. C'est ce que propose le Gouvernement, et comme je trouve cette mesure plus raisonnable que celle suivie jusqu'ici, je vote pour son adoption.

M. Courvoisier. — 7 juillet 1820. — Je ne veux que citer un fait : il vaut autant que les raisonnemens pour montrer l'injustice qui résulte du mode de répartition établi par la loi du 3 du nivôse an 7.

J'ai fait, il y a deux jours, rapport à la Chambre d'une pétition où les maire, adjoint et répartiteurs d'une commune exposoient que le mode établi par la loi du 3 nivôse, grevoit les habitans au point que le conseil d'arrondissement l'avoit abandonné, et que, durant plusieurs années, on avoit suivi une autre base ; mais que cette loi n'étant point abrogée, quoique dès long-temps on en espérât l'abrogation, le conseil d'arrondissement s'étoit vu forcé de le reprendre pour règle, et que les contributions de la commune étoient doublées.

M. Tronchon. — 3 juillet 1820. — La fixation du contingent mobilier pour les arrondissemens et les communes, faite un tiers sur la base de la population, et les deux autres tiers sur celle des patentes, étoit la source d'inégalités et d'injustices révoltantes. On doit toujours s'affliger de voir des lois non exécutées. Eh bien ! celle dont la majorité de la commission veut la conservation est de ce nombre, et pourquoi n'étoit-elle pas exécutée? c'est que dans les trois quarts de la France, elle est inexécutable. Si on demande maintenant pourquoi elle est inexécutable, c'est que dans la plupart des arrondissemens, si le départ de la contribution mobilière étoit fait d'après la loi du 3 nivôse an 7, il se trouveroit une portion des communes qui n'auroit point de contingent mobilier, et une autre portion qui auroit des contingens mobiliers tout-à-fait au-dessus de leurs forces.

Ceux qui préfèrent l'ancienne loi, se fondent sur ce que la population et les patentes offrent des bases fixes et positives ; mais quand cela seroit vrai, ces bases n'ont point ici une application juste : le résultat en est déplorable.

Ceux-là même regardent la base de la valeur locative de l'habitation, comme arbitraire et essentiellement défectueuse. La raison qu'ils en donnent, c'est que ce seront les communes qui fixeront cette valeur locative. Mais cette assertion me paroît hasardée ; car je ne concevrais pas que le Gouvernement offrit une nouvelle mesure législative, s'il devoit rester à la merci du contribuable pour la faire exécuter. Il espère sans doute pouvoir parvenir à une estimation juste et raisonnable des habitations rurales elles-mêmes, puisqu'il propose de baser la contribution sur ces valeurs locatives. On dit qu'on ne peut point donner de valeur locative aux habitations dans les communes rurales, mais quand le contingent mobilier arrive dans la commune rurale, il n'est réparti, entre les habitans, que sur les loyers de leurs habitations. Ainsi ce que l'on craint de ne pas trouver, on l'a depuis long-temps, et sans doute le Gouvernement se propose de donner à cette base une nouvelle perfection. Je pense donc que la nouvelle mesure proposée remplacera avantageusement celle qui existe, et dont l'expérience a démontré les vices.

M. Cornet-d'Incourt. — 7 juillet 1820. — Quelle difficulté peut-il y avoir à établir de prime-abord sur les loyers, la répartition de la contribution mobilière, puisqu'en définitif c'est sur les loyers que la taxe mobilière s'établit aujourd'hui? Le prix des loyers n'est-il pas généralement en proportion de la richesse mobilière du pays et de ses habitans, et ne fournit-il pas une base plus juste à la fois et moins compliquée? J'appuie le nouveau système de répartition, en demandant qu'il s'étende aux départemens.

M. de Villèle. — 7 juillet 1820. — Il faut voir comment le conseil général du département et les conseils d'arrondissement pourront exécuter la mesure que vous leur imposez. Il est nécessaire que la répartition soit faite, par le même mode, entre les départemens. Si vous commencez par répartir arbitrairement, comment le conseil général du département fera-t-il la répartition entre les arrondissemens? Quand le travail que vous allez faire, d'après les valeurs locatives, aura été soumis aux Chambres, il pourra diriger les conseils généraux de département dans la répartition qu'ils feront entre les arrondissemens; les conseils d'arrondissement pourront ensuite la faire entre les communes, et les communes entre les propriétaires. Lorsque vous sortez de l'application d'une règle pour entrer dans une autre, vous devez produire les états qui serviront à appliquer cette nouvelle règle. La répartition de l'impôt mobilier se fait actuellement de la manière la plus arbitraire, et vous seriez vous-mêmes fort embarrassés de la faire avec les états qu'on propose. Il est urgent que vous sortiez de cet ordre de choses; le nouveau mode de répartition dépendra de la manière dont vous ferez le travail qui doit lui servir de base. Je suis d'avis qu'on adopte l'article présenté par le Gouvernement, mais avec l'amendement de M. Cornet-d'Incourt, qui a pour but d'en étendre l'application aux départemens.

M. Ganilh. — 7 juillet 1820. — Dans le système actuel de la contribution, il y a deux parties. L'une atteint les revenus provenant de l'agriculture par la contribution foncière, l'autre atteint ou peut atteindre les revenus des capitaux de l'industrie et du commerce, par la contribution personnelle et mobilière. C'est pour cette raison que la loi sur la contribution personnelle et mobilière est assise sur la double base de la population et des patentes, parce que là où il y a de grands capitaux, il y a de grandes industries et un grand commerce, et il y a aussi une population nombreuse. Cette législation se trouve renversée de fond en comble par la mesure qu'on vous propose. Ce n'est plus en raison des capitaux, de l'industrie et du commerce que sera établie la contribution personnelle et mobilière, mais en raison de la valeur locative. Comment pourra-t-on déterminer la valeur locative de la France? Dans des villages où il n'existe pas de locations, comment fera-t-on? La plupart des châteaux ne sont pas loués. On ne pourra établir la valeur locative qu'arbitrairement. M. de Villèle a senti la difficulté, il vous a dit : commencez par faire l'évaluation de la valeur locative avant de l'adopter pour base. Il n'est jamais entré dans la pensée d'aucun législateur de déterminer un impôt de 4o millions par l'évaluation des valeurs locatives. Ce n'est pas au bout de dix années que vous parviendrez à faire la répartition de l'impôt d'après la valeur locative; vous ferez disparoître une partie des impositions rurales. Vous êtes donc intéressés à répartir la contribution mobilière d'après l'ancienne base, la population et les patentes.

———

M. le Ministre des finances. — 7 juillet 1820. — Il s'élève, avec raison, de continuelles réclamations contre l'injuste et inégale répartition de la contribution mobilière; c'est surtout dans le sein de cette Chambre que, chaque année, elles se sont fait entendre : l'article proposé dont pourtant la commission demande le rejet, a pour objet de parvenir à remédier à ce mal.

D'après les dispositions de la loi du 3 nivôse an 7, le montant de la contribution mobilière est fixé, un tiers en raison de la population de chaque commune : les deux autres tiers au centime le franc de toutes les patentes de la commune.

Ce mode de répartition est la principale source de toutes les inégalités que présentent les contingens des communes.

Et d'abord la population varie : sa quotité n'est pas d'ailleurs une preuve de richesses et d'aisance; d'un autre côté, la base des patentes est plus vicieuse encore. Dans plusieurs communes rurales, des marchands en gros, des commissionnaires, des fabricans, peuvent supporter 12 ou 1,500 fr. de patentes; ils attirent, sur la commune où ils sont patentés, un contingent relatif de contribution mobilière, et cependant lors de la répartition individuelle, ils ne prennent dans ce contingent que la part afférente à leurs loyers, le surplus est supporté par les autres contribuables, étrangers aux motifs d'après lesquels le contingent a été élevé et fixé. Il résulte de là que des communes pauvres sont imposées dans une proportion bien plus forte que les communes voisines et riches; il en résulte même que des communes paient un impôt mobilier considérable, tandis que d'autres n'en supportent aucun.

Il faut donc abandonner un mode de répartition qui est la source de tant d'inégalités et d'injustices.

La base que nous vous proposons d'y substituer ne procurera pas une égalité proportionnelle parfaite, on ne peut se flatter de parvenir à l'obtenir; mais elle est bien préférable à ce qui se pratique. Les loyers sont en général le meilleur moyen d'apprécier la fortune et l'aisance.

Ainsi je persiste à demander l'adoption de l'article proposé par le Gouvernement, en ajoutant toutefois le mot *départemens* à ceux arrondissemens et communes.

*) *Nota*. Le projet du Gouvernement a été adopté avec l'amendement.

CIRCULAIRE *du Ministre des finances aux Préfets, concernant l'évaluation des valeurs locatives d'habitation.*

Du 12 août 1820.

Vous avez reçu, Monsieur le Préfet, les instructions nécessaires pour la nouvelle fixation du prix de la journée de travail dans chaque commune.

Le prix des trois journées de travail, multiplié par le nombre des individus passibles de l'impôt, doit former le contingent personnel des arrondissemens et des communes.

Leur contingent mobilier qui, d'après la loi du 3 nivôse an 7, devoit être réglé un tiers en raison de leur population, et les deux autres tiers en raison du produit de leurs patentes, doit l'être, à partir de 1821, d'après les valeurs locatives d'habitation.

Telle est la disposition de l'article 29 de la loi du 23 juillet 1820.

Cette disposition, que les vices reconnus de l'ancien mode de répartition avoient rendue indispensable, présente des moyens d'exécution dans toutes les villes où il existe un cours de locations bien connu, et déjà déterminé dans les recensemens annuels prescrits par la loi.

Vous devrez tenir la main à ce que ces recensemens soient faits cette année, comme dans les années précédentes, et qu'ils s'effectuent dans les villes où ils auroient pu avoir été négligés par des motifs qui ne peuvent plus subsister aujourd'hui.

Vous désignerez aussi les bourgs et les communes où vous jugerez que la voie du recensement peut être employée, soit parce qu'une population commerçante et manufacturière y donne un prix soutenu aux habitations, soit parce qu'il y est facile, d'après quelques logemens dont la valeur locative est notoirement connue, d'estimer comparativement la valeur des autres.

Vous donnerez aux maires de ces communes l'ordre de procéder, sans délai, à ce recensement, auquel l'inspecteur ou les contrôleurs des contributions dont le directeur aura fait choix seront tenus de coopérer.

L'état de recensemeut devra présenter :

1º Les nom et prénoms de chaque individu;

2° Sa profession ;

3º Le montant de son loyer, avec la distinction, s'il est patentable, de son loyer d'habitation personnelle, et du loyer de ses magasins, ateliers et boutiques ;

4º Une colonne dans laquelle les indigens seront spécialement indiqués.

L'inspecteur ou le contrôleur qui aura concouru au recensement ne quittera point la commune sans s'être fait délivrer par le maire un extrait de ce recensement, contenant la distinction des loyers qui portent sur l'habitation personnelle, et de ceux qui portent sur les magasins, ateliers et boutiques.

Vous sentez, Monsieur le Préfet, combien il est essentiel que ces recensemens soient faits partout où ils doivent avoir lieu, d'une manière uniforme et régulière ; et vous prendrez à cet effet toutes les mesures que votre sagesse vous suggérera, et que les diverses localités exigent.

L'appréciation des valeurs locatives d'habitation dans les communes rurales, proprement dites, est susceptible d'un mode particulier. Là, le recensement ne produiroit, sous le rapport des loyers, aucun resultat. Les maisons n'y ont aucune valeur locative bien déterminée. A l'exception de celles de quelques riches propriétaires, qui vont passagèrement à la campagne, soit pour leur agrément, soit pour la surveillance de leurs domaines, et qui d'ailleurs sont imposés dans les grandes villes où ils sont domiciliés, toutes les autres sont occupées par des petits propriétaires, des artisans ou des cultivateurs. Celles qui sont louées n'ont qu'une valeur précaire et subordonnée à quelques causes momentanées.

Cependant les habitans des campagnes, comme ceux des villes, sont forcés de se loger ; ils ne peuvent se loger sans payer, et si leurs habitations ne peuvent être appréciées, d'après les mêmes bases que dans les grandes villes et dans les bourgs, il est possible d'y suppléer par d'autres procédés.

Celui auquel j'ai cru devoir m'arrêter m'a paru réunir le double avantage d'une exécution facile, et d'une application uniforme à toutes les communes rurales.

Il repose sur un principe incontestable, c'est qu'un des premiers besoins de la vie est de se loger, et que chacun est obligé de faire, pour son logement, un sacrifice quelconque sur le gain ou le revenu journalier que son état lui procure.

Déjà le prix de la journée de travail aura été réglé dans toutes les communes, en raison de leur importance et des avantages dont elles jouissent.

Il ne s'agira plus que de déterminer le nombre de journées de travail qu'on peut sacrifier dans une commune pour se loger.

Ce nombre de journées, multiplié par le prix de la journée de travail, donne la valeur d'un loyer; et ce loyer, multiplié par le nombre des individus imposables, donne le montant des loyers de la commune, passibles de la contribution mobilière.

Un exemple rendra l'application de ce procédé plus sensible.

On suppose une commune où le nombre des contribuables taxés à la contribution personnelle est de cent; le prix de la journée de travail, de 50 centimes, et où il faut abandonner quinze journées de travail pour son loyer.

Les quinze journées de travail, multipliées par 50 centimes, donnent, pour le loyer d'un habitant, 7 fr. 50 centimes; et cette somme, multipliée par le nombre des contribuables, qui est de cent, porte à 750 fr. le montant total des loyers de la commune sur lesquels la contribution mobilière doit frapper.

Comme il y a pour le prix de la journée de travail un *minimum* de 50 centimes et un *maximum* de 1 fr. 50 cent., il a paru juste d'établir la même règle pour la quotité de journées de travail qui, dans les différentes communes, doit être abandonnée pour le logement.

Cette quotité doit varier nécessairement suivant les localités. En fixant le *minimum* de l'abandon à quinze journées, et le *maximum* à soixante-quinze, on aura, dans chaque département, une marge suffisante pour graduer les proportions d'abandon dans les différentes communes, eu égard aux faveurs de position dont elles jouissent, et qui concourent à donner aux habitations un prix plus élevé. Ce *maximum* et ce *minimum* sont deux régulateurs indispensables pour éviter tout arbitraire, et prévenir les inconvéniens des évaluations trop exagérées, ou trop affoiblies.

Un travail de cette importance exige des connoissances locales ; et le choix des agens chargés de son exécution doit être la première garantie de son exactitude.

Vous aurez en conséquence à convoquer immédiatement auprès de vous une commission spéciale, composée de trois propriétaires pris dans chaque arrondissement.

Cette commission, à laquelle se réuniront les agens de la direction des contributions, pourra appeler dans son sein les personnes en état de fournir tous les documens propres à éclairer son opinion.

La commission, aidée par ce concours de lumières, et ayant sous les yeux le tableau du prix de la journée de travail, dans chaque commune, déterminera le nombre de journées de travail, qui peut y être abandonné pour le logement.

Elle portera de suite les résultats de son travail dans les différentes colonnes de l'état n° 1, destinées à les recevoir.

Après avoir examiné cet état dans tous ses détails, et y avoir apporté les modifications que vous aurez jugées nécessaires dans l'intérêt de la justice distributive, vous l'arrêterez définitivement, et vous m'en adresserez une copie.

Ayant ainsi, d'une part, le prix des trois journées de travail, et le nombre des contribuables passibles de la taxe personnelle ; de l'autre, les valeurs locatives d'habitation établies, soit d'après les recensemens dans les villes, bourgs et communes où ils auront eu lieu, soit d'après les procédés prescrits pour les communes rurales, proprement dites, vous ferez rédiger et vous m'enverrez pour le 3o septembre, un tableau général conforme au modèle n° 2.

Les cinq premières colonnes de ce tableau n'ont besoin d'aucune explication.

La 6ᵉ colonne se remplit en multipliant par le prix des trois journées de travail, le nombre des contribuables de chaque commune, ce qui donne son contingent personnel. La réunion des contingens personnels de toutes les communes forme le contingent personnel du département.

Ce qui restera pour parfaire le contingent total actuel du département, sera à imposer en contribution mobilière.

Ainsi le contingent total d'un département est, par supposition de. . . . . 3oo,ooo fr.

Si le contingent personnel emporte . . . 1oo,ooo

Il restera à répartir en contribution mobilière　2oo,ooo

Cette dernière somme se répartira au centime le franc des loyers d'habitation de chaque commune. Les résultats de cette répartition seront portés dans la 7ᵉ colonne.

L'addition des contingens personnels et mobiliers de toutes les communes, devra donner une somme égale à celle de 3oo,ooo francs, montant du contingent total actuel du département.

Le travail dont il s'agit, M. le Préfet, réclame par l'importance de son objet, et l'intérêt que le Gouvernement attache à son exécution, toute votre surveillance et votre attention. Je me repose, avec confiance, sur la sagesse des mesures que vous avez à prendre pour aplanir les difficultés qu'il pourroit rencontrer, et en assurer le succès. La coopération des agens de la direction des contributions directes peut vous être, en cette circonstance, d'une extrême utilité, et vous y trouverez sans doute, pour une opération surtout qui a pour but la juste répartition de l'impôt, le concours de zèle et d'activité que vous avez droit d'en attendre.

Cette instruction est accompagnée de deux tableaux.

Le tableau n° 1, présente, dans les sept colonnes dont il se compose,

1° Les noms des communes ;

2° Le nombre des contribuables taxés à la cote personnelle ;

3° Le prix de la journée de travail ;

4° Le nombre des journées de travail abandonné pour le logement ;

5° Le loyer d'un habitant d'après le prix d'une journée de travail, multiplié par le nombre de journées de travail abandonné pour le logement ;

6° Le montant des loyers imposables de la commune, d'après le loyer d'un habitant, multiplié par le nombre des contribuables ;

7° Les observations sommaires sur la situation plus ou moins favorable de chaque commune.

Le tableau n° 2, est celui qui doit être rempli par MM. les préfets,

Il présente :

1° Les noms des communes ;

2° Le nombre des individus passibles de la contribution personnelle ;

3° Le prix des trois journées de travail ;

4° Le montant des valeurs locatives d'habitation, établies d'après les recensemens pour les villes, les bourgs et les communes recensés ;

5° Le montant des valeurs locatives, d'après les procédés prescrits pour les communes rurales ;

6° La fixation du nouveau contingent personnel de chaque commune ;

7° La fixation du nouveau contingent mobilier de chaque commune ;

8° Le total des deux contingens.

NOUVEAU MODE *de Cotisation des officiers sans troupe à la Contribution personnelle et mobilière.*

ART. 3o. Les officiers sans troupe, officiers d'état-major, officiers de gendarmerie, et généralement tous ceux qui, en vertu de décrets et d'arrêtés, ont jusqu'à présent payé la contribution personnelle et mobilière en raison de leur traitement ou de leur indemnité de logement, seront imposés d'après le mode et dans la proportion arrêtés pour les autres contribuables.

CIRCULAIRE *du Ministre des finances aux Préfets, sur la Contribution personnelle et mobilière des officiers sans troupe.*

Du 28 juillet 1820.

D'après les précédens règlemens, M. le Préfet, les officiers d'état-major des divisions et des places, les officiers sans troupe, les intendans et sous-intendans militaires, les officiers de la gendarmerie et les officiers civils, tant du département de la guerre que de la marine, étoient assujettis à payer la contribution personnelle et mobilière à raison de deux centimes par franc de leurs traitemens, au lieu de la résidence où les fixoit leur service.

Ce mode de cotisation, qui formoit d'ailleurs une exception à la loi générale, étoit devenu beaucoup trop onéreux, surtout dans les villes où la contribution mobilière est remplacée par des droits additionnels à l'octroi, et ne pouvoit subsister plus long-temps sans une injustice évidente.

L'article 3o de la loi du 23 de ce mois vient de l'abroger, et porte textuellement que « les officiers sans troupe, offi-
» ciers d'état-major, officiers de gendarmerie, et générale-
» ment tous ceux qui, en vertu de décrets et d'arrêtés, ont

» jusqu'à présent payé la contribution personnelle et mo-
» bilière en raison de leur traitement ou de leur indemnité
» de logement, seront imposés d'après le mode et dans la
» proportion arrêtés pour les autres contribuables. »

Il n'est apporté aucun changement à la perception de ces taxes, qui doit continuer de s'opérer par forme de retenue sur les traitemens.

Pour l'exécution de cette disposition, le directeur des contributions devra se procurer, comme il l'a fait jusqu'à ce jour, auprès de M. l'intendant militaire, un état contenant les noms, qualités et demeures des officiers et employés dont il s'agit. Cet état devra servir au directeur pour s'assurer s'ils sont portés dans la matrice comme les autres contribuables, et, dans le cas contraire, pour les y faire comprendre, ainsi que pour former le tableau de leurs cotisations, qui doit être adressé au payeur des dépenses diverses.

Ce tableau, revêtu de votre visa, sera, par le directeur, envoyé au payeur, qui retiendra le montant des cotes de ces officiers et employés sur leurs appointemens, et en fera le versement d'après les formes et le mode de comptabilité actuellement suivis.

Je vous prie, M. le Préfet, de m'accuser la réception de cette lettre, dont je viens d'adresser un exemplaire au directeur des contributions. Vous voudrez bien, de votre côté, donner connoissance des dispositions qu'elle renferme au receveur général et au payeur des dépenses diverses de votre département.

FORMALITÉS *pour le versement et la comptabilité des Cotisations des officiers sans troupe.*

On a cru devoir rappeler ici les formalités prescrites par le décret du 12 juillet 1807, et qui sont expliquées plus au long, dans le *Manuel des Contribuables* pour 1819, pages 42, 43 et 44 (1).

Le payeur des dépenses diverses, ayant l'état des officiers sans troupe imposés aux rôles, retient leurs cotes sur leurs appointemens, et en verse le montant dans la caisse du receveur général.

Ce versement est accompagné d'un bordereau dont le receveur général envoie un extrait au receveur particulier, qui se charge en recette du montant de ces retenues.

De son côté, le receveur particulier en donne connoissance aux percepteurs, qui s'en chargent pareillement en recette et les émargent sur leurs rôles.

Lorsque ces officiers sans troupe changent de résidence, le payeur donne avis de la somme à recouvrer sur eux au payeur de l'arrondissement où ils se transportent. Ce dernier exerce la retenue et en verse le produit au receveur général de son département, qui le transmet au receveur général du département où ces officiers ont été primitivement imposés.

----

(1) 1 vol. in-8°. Prix 4 fr., et 5 fr. franc de port. On le trouve au Dépôt des Lois.

PATENTES.

DÉPENSES *des Bourses et Chambres de commerce.*

ART. 11. CONTINUERONT d'être perçues les contributions spéciales destinées à subvenir aux dépenses des bourses et chambres de commerce, ainsi que les revenus spéciaux accordés auxdits établissemens, et aux établissemens sanitaires.

ART. 12. Celles des contributions ci-dessus qui sont à la charge des patentables, seront réparties sur ceux de première et deuxième classe, et sur tous ceux qui, étant placés hors de classe, paieront un droit fixe de patente égal ou supérieur à celui desdites classes.

Les associés des maisons de commerce qui, aux termes de l'article 69 de la loi du 25 mars 1817, ne paient qu'un demi-droit fixe, les associés des fabricans à métier, et filateurs de laine et de coton, qui, d'après la même loi, ne sont assujettis qu'à un droit proportionnel, contribueront aux frais des chambres de commerce, lorsque le droit fixe de patente de l'associé principal sera égal ou supérieur à celui de la deuxième classe.

ART. 13. Dans un département où il n'y aura qu'une chambre de commerce, le rôle comprendra les patentables de tout le département désignés en l'article 12 ci-dessus.

S'il y a dans le même département plusieurs chambres de commerce, le rôle de chacune d'elles comprendra les patentables également désignés en l'article 12, qui font partie de l'arroudissement dans lequel elle est située.

Néanmoins, sur les observations des chambres de commerce, la circonscription de chacune d'elles sera fixée par des ordonnances royales.

Une ordonnance royale déterminera pareillément la circonscription d'une chambre de commerce qui sera commune à des parties de plusieurs départemens.

ART. 14. Le rôle relatif aux frais d'une bourse de commerce ne comprendra que les patentables de la ville où elle est établie, désignés en l'article 12 de la présente loi.

ART. 15. La taxe pour le paiement des frais des chambres et bourses de commerce portera sur le principal de la cote de patente, consistant dans le droit fixe et le droit proportionnel. Il sera ajouté cinq centimes à cette taxe pour subvenir aux non-valeurs.

ART. 16. Des ordonnances royales fixeront, chaque année, les sommes à imposer pour subvenir aux dépenses des chambres et bourses de commerce.

Cette fixation aura lieu, savoir : sur la proposition des chambres de commerce pour leurs frais, et sur la proposition desdites chambres, ou, à leur défaut, sur la proposition des conseils municipaux, pour les frais des bourses de commerce. Des ordonnances royales règleront la forme de la comptabilité et de la vérification de l'emploi des deniers.

CIRCULAIRE *du Ministre des finances aux Préfets, sur les Bourses et Chambres de commerce.*

Du 5 août 1820.

La loi du 23 du mois dernier, Monsieur le Préfet, contient, relativement aux bourses et chambre de commerce, plusieurs dispositions dont le but est de faire cesser les difficultés que le paiement des contributions affectées à leurs dépenses a fait naître dans quelques départemens.

Les frais des bourses et chambres de commerce sont, d'après la précédente loi, à la charge des patentables, et doivent être répartis sur tous ceux qui paient le droit fixe de première et deuxième classe, et qui, étant placés hors de classe, paient un droit fixe égal ou supérieur à celui de première ou deuxième classe.

Ce principe est maintenu par la nouvelle loi ; mais la question s'étoit élevée de savoir s'il étoit applicable aux associés des maisons de commerce qui, d'après la loi du 25 mars 1817, ne paient qu'un demi-droit fixe, ainsi qu'aux associés des fabricans à métiers et des filateurs de laine et de coton qui ne sont assujettis qu'au droit proportionnel.

Cette question se trouve résolue par l'article 12 de la loi précitée, qui porte textuellement, que ces associés contribueront aux frais des bourses et chambres de commerce, lorsque le droit fixe de patente de l'associé principal sera égal ou supérieur à celui de la deuxième classe.

Le mode d'imputation des décharges et réductions auxquelles ces taxes peuvent donner lieu n'étoit point déterminé, et rien ne garantissoit dès-lors l'entier recouvrement des sommes affectées aux dépenses des bourses et chambres de commerce.

L'article 15 de la nouvelle loi veut qu'il soit désormais ajouté cinq centimes au principal de chaque taxe, et ce fonds est spécialement destiné à subvenir aux non-valeurs.

Le directeur des contributions ne perdra pas de vue qu'il

y a une distinction essentielle à faire entre les bourses et les chambres de commerce. Le rôle des bourses de commerce ne doit, d'après l'article 14, comprendre que les patentables de la ville où cette bourse est située.

Mais les dépenses de la chambre de commerce établie dans un département, doivent être acquittées par toutes les communes où il existe des patentables susceptibles de participer au paiement de ces dépenses. Le directeur devra, en conséquence, comprendre dans un seul et même rôle les patentables de toutes ces communes. Lorsque vous aurez arrêté et rendu ce rôle exécutoire, il en fera faire des extraits pour chaque commune; lesquels, après avoir été pareillement arrêtés et rendus exécutoires par vous, seront adressés aux percepteurs dans la forme accoutumée.

Les dispositions, au surplus, de la nouvelle loi relative, soit à la fixation des dépenses, soit à la circonscription des chambres de commerce, rentrent dans les attributions de M. le Ministre de l'intérieur.

EXTRAIT *de la circulaire du Ministre de l'intérieur, pour la transmission des Budgets des Chambres et Bourses de commerce, pour* 1820.

Du 8 juillet 1820.

Monsieur le Préfet, les articles 11, 12, 13, 14, 15 et 16 de la loi des voies et moyens, déjà approuvés par la Chambre des Députés, autorisent l'imposition spéciale destinée à couvrir les dépenses des chambres et bourses de commerce. Ils ordonnent la séparation des dépenses de ces deux établissemens, déterminent les contribuables sur lesquels cet impôt sera réparti, et portent que des ordonnances royales fixeront, chaque année, sur la proposition des Chambres, la somme à imposer pour chacune d'elles.

Ces articles recevront probablement la sanction de l'autre Chambre et celle du Roi.

Je vous invite, en conséquence, à vous concerter dès à
présent avec les membres de la chambre de commerce de votre
département, pour qu'ils aient à rédiger leur budget conformément aux dispositions de ces articles, et à me mettre
dans le cas, en me l'envoyant le plutôt possible, de proposer à Sa Majesté une ordonnance qui fixe la somme nécessaire à leurs dépenses pour 1820, et qui en autorise le recouvrement.

Vous aurez également à me transmettre un double de ce
budget, avec votre avis.

La moitié de l'année étant déjà écoulée, il est important
que cette ordonnance puisse être rendue aussitôt la publication de la loi des voies et moyens.

DISCUSSIONS *à la Chambre des Députés sur la Patente des fabricans de papier.*

M. Cornet-d'Incourt avoit proposé un amendement tendant
à ce que les fabricans de papier, quelle que fût la population
du lieu de leur domicile, payassent un droit fixe de 25 fr.
par cuve qu'ils emploient jusqu'au *maximum* de 300 francs,
qui ne pourroit être dépassé. Ces fabricans continueroient
d'être assujettis au paiement du droit proportionnel.

Mon amendement, dit M. Cornet-d'Incourt en le développant dans la séance du 6 juillet 1820, est conçu dans l'esprit de
la législation de 1817. A cette époque, on a reconnu que la fixation des patentes, en raison de la population des communes,
étoit une base fausse; que d'un autre côté, certaines patentes
laissées à l'arbitraire des administrations locales, présentoient encore d'autres inconvéniens. On a cherché quelles
étoient les professions pour lesquelles il pouvoit y avoir une
base fixe d'impôt. Ainsi, pour les fabricans à métier et pour
les filateurs, on a jugé à propos d'imposer les premiers en
raison du nombre des métiers; et les seconds, en raison du
nombre de broches qu'ils emploient. C'étoit une amélioration,

parce que les fabricans et les filateurs ont été imposés en raison de l'importance de leur travail. J'ai pensé qu'il étoit extrêmement facile de faire jouir les fabricans de papier d'une base fixe, de même que les filateurs et les fabricans à métier qui sont imposés en raison du nombre de broches et de métiers, avec un *maximum* de 3oo francs, qui est celui de toutes les patentes. On pourroit établir cette même règle pour les fabricans de papier avec plus de facilité; car les fabricans à métier n'ont pas tous leurs métiers chez eux : la plupart ont des métiers disséminés dans les campagnes et même dans les départemens voisins. On a passé par dessus cette difficulté. Comme elle n'existe point par rapport aux fabricans de papier, il est bien plus facile de vérifier leurs déclarations. C'est cette considération qui m'a déterminé à présenter un amendement conçu à peu près dans les mêmes termes que l'article relatif aux filateurs et aux fabricans à métier. En établissant, à l'égard des fabricans de papier, un *maximum* de 3oo fr. et un *minimum* de 25 fr., à raison des cuves qu'ils emploient, j'y trouve l'avantage d'éviter l'arbitraire. Dès-lors plus de réclamation; car chacun sait à l'avance ce qu'il a à payer. Les frais de perception d'ailleurs ne sont ni plus difficiles ni plus considérables, et l'expérience le prouve à l'égard des filateurs et des fabricans à métier. Aú surplus, si M. le Ministre des finances s'opposoit à l'admission de ma proposition pour cette année, je serai toujours satisfait de l'avoir proposée, pour qu'elle puisse vous occuper l'année prochaine.

M. Ganilh, rapporteur. Quel seroit le résultat de la proposition de M. Cornet-d'Incourt? Les recettes en seroient-elles augmentées, ou diminuées? Nous sommes hors d'état de le décider, et je crois que l'auteur de la proposition seroit fort embarrassé de le décider lui-même. Il propose un *maximum* qui ne pourroit dépasser 3oo fr.; il présume donc que la patente ne pourroit jamais s'élever au delà. Mais peut-il nous dire si la commutation du droit diminuera le produit, et quels effets elle aura sur la perception? M. Cornet-d'Incourt a raisonné par analogie; mais il ignoroit que pour cette commutation, le Gouvernement avoit fourni tous les documens nécessaires. Or, ici il n'y en a point : je ne serois cependant pas éloigné de l'idée de la taxe, surtout si elle portoit plus sur la fabrication que sur le fabricant; et plus encore si elle portoit sur l'objet fabriqué. Mais nous n'avons à cet égard aucune donnée positive, aucune base certaine; c'en est assez pour nous déterminer à rejeter la proposition qui vous est faite.

***

M. le Ministre des finances. — J'ai fait faire des calculs pour connoître les résultats de cette proposition : elle ne seroit pas onéreuse au trésor, et les produits n'en seroient pas diminués; mais il me semble préférable de la mûrir, quoiqu'elle puisse être bonne en elle-même; et il me paroit convenable d'attendre à l'année prochaine.

Nota. M. *Cornet-d'Iucourt* a consenti lui même à attendre à l'année prochaine, et a retiré sa proposition.

***

DÉVELOPPEMENS *de la proposition faite dans la session législative de* 1819, *sur la Patente des Mouliniers en soie et Fileurs de cocons de soie.*

M. Ladreyt de la Charrière. — 17 juillet 1819. — D'après la loi du 25 mars 1817, les filatures de cocons de soie et les moulins à soie étoient comme d'autres établissemens industriels, tels que les fonderies, forges, verreries, etc., passibles d'un droit fixe qui pouvoit s'élever de 25 à 300 fr.

Ces deux industries présentent, dans leur mécanisme, une base positive pour apprécier la patente à laquelle elles doivent être assujetties.

La filature de cocons de soie s'opère au moyen d'une chaudière dans laquelle la gomme des cocons se détrempe, et
d'un tour sur lequel se ploie la soie, le tout à l'aide d'une
main-d'œuvre plus ou moins habile. Le degré d'importance
de cette spéculation qui ne peut avoir lieu que pendant les
trois mois d'été qui suivent immédiatement la récolte, résulte du nombre de chaudières mises en activité. Un droit
fixe par chaudière seroit donc une base exacte de répartition ; et si l'on considère que les bénéfices de cette opération,
dont la durée ne peut excéder trois mois de l'année, ne
résultent que d'une main-d'œuvre généralement exercée par
la population peu aisée, on pensera que le droit fixe à trois
francs par chaudière, sans préjudice du droit proportionnel
sur la valeur locative de l'établissement est une taxe assez
élevée.

Quant à l'industrie des mouliniers en soie, elle consiste
à donner aux fils de soie, après la filature des cocons, divers
perfectionnemens d'épuration et de solidité, qui les rendent
propres à la fabrication des étoffes ; c'est ce que l'on appelle
ouvrer la soie. L'opération définitive a lieu sur des tours ou
cylindres appelés guindres, sur lesquels se ploient, en éche-
vaux, les fils de soie, en s'échappant des bobines tournant
sur des fuseaux ou broches : ce sont ces broches dont le
nombre n'excédant pas 500, paieroit un droit fixe de 15 fr.
Plus, un droit de trois francs par chaque cent broches en
sus ; de sorte que la taxe s'élèveroit graduellement jusqu'au
maximum de 300 fr. proportionnellemént à l'importance de
l'établissement.

Ces établissemens seroient ainsi assimilés aux filatures de
coton et de laine, avec lesquelles ils ont plus d'analogie
qu'avec les forges, verreries et fabrications quelconques.

C'est d'après ces observations qu'ont été adoptés les deux
articles suivans, compris dans la loi de finances du 17 juillet 1819 :

DISPOSITIONS *de la loi du 17 juillet 1819 sur la Patente des Mouliniers en soie et des Fileurs de cocons de soie.*

ART. 20. « Les entrepreneurs de moulins à soie sont as-
» similés, pour la patente, aux filateurs de coton et de
» laine ; ils paieront en conséquence un droit fixe de 15 fr.,
» lorsqu'ils n'emploieront pas plus de 500 broches corres-
» pondantes aux guindres de leurs moulins. Ils paieront en
» outre 3 fr. par chaque cent broches de même nature
» excédant le nombre de 500 ; le tout conformément aux
» règles prescrites par l'article 30 de la loi du 15 mai 1818. »

ART. 21. « Les fileurs de cocons de soie paieront un droit
» fixe de trois francs par chaque chaudière, quelle que soit la
» population de la commune de leur domicile, sans préju-
» dice du droit proportionnel. »

LOI *relative à une Imposition additionnelle aux Patentes pour l'achèvement de la Bourse de la ville de Paris.*

Du 10 juillet 1820.

« Il sera perçu pendant huit années, une imposition
» additionnelle de quinze centimes par franc au droit fixe des
» patentes de la ville de Paris, depuis les patentes de 500 fr.,
» jusqu'à celles de 40 francs inclusivement, et dont seront
» toutefois exceptés les agens de change et les courtiers de
» commerce, à raison des cotisations volontaires qu'ils ont
» offert de réaliser.

» Le produit de cette imposition sera appliqué au paie-
» ment des dépenses qui restent à faire pour l'achèvement
» des travaux de la Bourse de cette ville. »

Observations sur cette Imposition extraordinaire.

La dépense totale de l'édifice, commencé il y a quelques
années, pour la Bourse et le Tribunal de Commerce de Paris,

a été estimée 6,340,000 fr., dont 3,840,000 fr. sont déjà payés. La dépense qui reste à faire est de 2,500,000 fr.

La ville de Paris a voté une somme annuelle de 100,000 fr. pour huit ans.

Les agens de change et courtiers se sont engagés à verser également, chaque année, 28,000 fr. pendant le même espace de temps.

L'imposition de 15 centimes par fr., additionnels au droit fixe des patentes de 500 fr. jusqu'à 40 fr., a été présumée devoir rendre, chaque année, 235,000 fr.

Ces trois sommes font ensemble 363,000 franc, lesquelles multipliées, par huit années, donnent en tout un produit de 2,904,000 fr.; les 404,000 fr. qui excèdent les 2,500,000 fr. nécessaires, serviront à payer les intérêts de cette somme qu'il faudra emprunter pour achever les travaux dans un très-court délai.

PERCEPTION.

VENTE *par les Commissaires-Priseurs, des meubles des Contribuables en retard.*

ART. 31. LES prisées et ventes publiques des meubles des contribuables en retard seront faites par les commissaires-priseurs, dans les villes où ils sont établis : dans ce cas, comme dans tous les autres, les vacations des commissaires-priseurs seront taxées par les tribunaux : mais, si les opérations ont lieu pour le recouvrement des contributions directes, les tribunaux se conformeront aux règlemens faits par les préfets et arrêtés par le Gouvernement.

Discussions sur cet article de la loi.

La commission des voies et moyens avoit proposé d'ajouter le mot *huissiers* après celui *de commissaires-priseurs.*

Cet amendement n'a donné lieu qu'à une légère discussion.

Le rapporteur de la commission l'a défendu en ces termes :

La commission n'exclut pas les commissaires-priseurs; elle n'établit qu'une concurrence, et cette concurrence est de droit, à moins que vous ne prétendiez que les commissaires-priseurs aient un privilége exclusif. S'ils ont ce privilége exclusif, la commission ne peut le reconnoitre, parce que l'existence des commissaires-priseurs n'est pas encore

établie régulièrement par la loi. La Chambre peut se rappeler qu'une loi lui fut proposée, il y a deux ans, sur les commissaires-priseurs et qu'elle fut rejetée. La position des commissaires-priseurs est donc toujours incertaine, et il a paru
à la commission qu'il seroit extrêmement dangereux, pour
ne pas dire inconvenant, d'établir dans un article du budget des droits qui ne peuvent l'être que par la loi. Ce n'est
pas dans le budget que vous devez établir le privilége en
faveur des commissaires-priseurs. De deux choses l'une, ou
le privilége existe, ou il n'existe pas. S'il existe, il est tout-
à-fait inutile de l'établir ; s'il n'existe pas, ce n'est pas dans
le budget que vous devez l'établir.

M. Beugnot. — 7 juillet 1820. — Que vous chargiez un
huissier-priseur de ces ventes ou toute autre personne, elles
ne seront pas moins soumises à la taxe des tribunaux. Vous
avez créé des huissiers-priseurs ; il ont fourni des cautionnemens, et ils demandent vainement qu'on organise leur service. En 1817, vous avez établi, contre eux, que les ventes
de la Bourse seroient faites par des courtiers de commerce.
Vous avez aussi décidé, en 1818, que les ventes de poissons
ne seroient pas faites par des huissiers-priseurs. Si on leur
ôte ainsi à chaque législature une partie de leurs attributions, il paroîtroit juste de leur rendre leur cautionnement
et de les supprimer. Mais tant que vous les conserverez,
vous devez aussi leur conserver leurs attributions. Je demande qu'on n'établisse pas ici une concurrence qui seroit,
à leur égard, une sorte d'exclusion.

Je vote contre l'amendement.

M. Bedoch. — 7 juillet 1820. — L'on prétend que l'état
des commissaires-priseurs est incertain ; mais il n'est pas
moins vrai que la loi les a créés, qu'on a exigé d'eux un
cautionnement, et que leurs attributions se réduisent à peu

près à rien. Ils n'ont cessé, depuis trois ans, d'élever des réclamations. Vous l'avez vu par toutes les pétitions qui vous ont été adressées sur les commissaires-priseurs. A l'exception de Paris et de deux ou trois grandes villes du royaume, leurs attributions se réduisent à presque rien. M. le rapporteur vous dit qu'on n'établit qu'une concurrence : mais c'est cette concurrence qu'il ne faut pas établir. Je demande le rejet de l'amendement.

L'amendement a été rejeté.

Ainsi sont maintenues les lois des 8 mars 1801 (17 ventôse an 9) et 28 avril 1816, qui attribuent aux commissaires-priseurs le droit exclusif de faire, dans les villes où ils sont établis, les ventes publiques des meubles, et défendent à tous particuliers, à tous autres officiers publics de s'immiscer dans ces opérations, sous peine d'amende. Ainsi les commissaires-priseurs sont chargés exclusivement de la vente des meubles des contribuables en retard, dans les villes où ils sont institués.

Dans toutes les autres villes, cette fonction est exercée par les porteurs de contraintes remplissant les fonctions d'huissiers pour les contributions directes, et à défaut de porteurs de contraintes, ayant les connoissances nécessaires, par les huissiers près les tribunaux.

Au surplus les frais de ces ventes, qu'elles soient faites ou par les commissaires-priseurs, ou par les huissiers ordinaires, ou par les porteurs de contraintes, doivent être réglés conformément aux tarifs arrêtés par les préfets.

CIRCULAIRE *du Ministre des finances du 7 août 1820, concernant la taxe des vacations des Commissaires-Priseurs, pour prisées et ventes publiques des meubles des contribuables en retard.*

L'article 31, M. le Préfet, de la loi du 23 juillet dernier, s'exprime ainsi :

6 *

« Les prisées, et ventes publiques des meubles des contri-
» buables en retard, seront faites par les commissaires-pri-
» seurs dans les villes où ils sont établis. Dans ce cas, comme
» dans tous les autres, les vacations des commissaires-pri-
» seurs seront taxées par les tribunaux ; mais, si les opéra-
» tions ont lieu pour le recouvrement des contributions
» directes, les tribunaux se conformeront aux règlemens
» faits par les préfets et arrêtés par le Gouvernement. »

Je ne puis que vous recommander de veiller, dans l'intérêt des contribuables, à ce que cette disposition reçoive son
exécution dans votre département.

Je viens d'inviter M. le Garde-des-sceaux à vouloir bien
fixer, à cet égard, d'une manière toute particulière, l'attention de MM. les procureurs-généraux près les Cours
royales.

EXTRAIT *de la loi du* 14 *avril* 1819, *relative à la Com-pensation des Rentes sur le Grand-Livre, avec le paiement des Contributions.*

« Art. 13. Tout propriétaire d'inscriptions directes, ou
» d'inscriptions départementales, qui voudra en compenser
» les arrérages, soit avec ses contributions directes, soit
» avec celles d'un tiers à ce consentant, en fera sa déclaration
» au receveur général, qui se chargera de la recette desdits
» arrérages et de l'application de leur montant au paiement
» de ces contributions, dans quelque lieu qu'elles doivent être
» acquitées. »

EXTRAIT *de l'Ordonnance du Roi du* 14 *avril* 1819, *relatif à l'exécution de cette Loi.*

Art. 13. « Les compensations à faire, en exécution de l'ar-
» ticle 6 ci-dessus, entre les arrérages de rentes et les contri-

» butions directes, s'opéreront par l'abandon des semestres
» de rentes échéant dans la même année, et sans qu'il y ait
» lieu à décompte pour les différences d'échéances entre les
» recettes et les termes exigibles des contributions.

Art. 14. « La compensation s'effectuera par l'échange de
» la quittance des rentes contre la décharge équivalente du
» receveur général.

» Le titre, dont la rente aura été assignée au paiement des
» contributions, sera timbré des semestres employés à ce
» paiement.

Art. 15. » Les déclarations à fin de compensation dure-
» ront jusqu'à révocation expresse. Elles cesseront néan-
» moins d'avoir leur effet, à défaut, par le rentier, de re-
» mettre au receveur général sa quittance avant l'échéance
» du premier terme de sa contribution annuelle.

Art. 16. » Si la rente est plus forte que la contribution à
» payer, il sera remis pour le surplus, par le receveur gé-
» néral, des bons payables aux échéances des arrérages com-
» pensés; si c'est la contribution qui excède, le rentier ac-
» quittera cet excédant.

Art. 17. » Les receveurs généraux se chargeront de tous
» les détails nécessaires pour consommer la libération du
» contribuable, en adressant, soit aux directeurs des contri-
» butions, soit aux receveurs particuliers ou aux percepteurs,
» les renseignemens nécessaires pour que la compensation soit
» annotée, sur les rôles, et le paiement émargé, de manière
» qu'il ne puisse être exercé aucune action contre le contri-
» buable.

» Le receveur général se chargera des mêmes opérations
» pour les départemens autres que le sien; et son interven-
» tion aura, pour le contribuable, le même effet que dans
» son département.

» Les compensations, pour les rentiers domiciliés dans le
» département de la Seine, seront faites au trésor royal.

Art. 18. » La compensation n'empêchant pas la libre
» disponibilité des rentes, les propriétaires ont la faculté de

» les vendre aux époques qui leur conviendront, sous la
» déduction des arrérages compensés. »

EXTRAIT *de l'Instruction du Ministre des finances pour l'exécution de la Loi et de l'Ordonnance ci-dessus.*

C'est un des avantages attachés à la création des livres auxiliaires du grand-livre de la dette publique, que de faire de la rente une créance directe et privilégiée sur la contribution même du rentier, et de l'exempter de tout embarras pour l'acquittement de ses taxes foncières, quand il lui plaît de les compenser avec ses rentes.

L'instruction ministérielle pour l'exécution de la loi du 14 avril trace la marche à suivre pour faire opérer cette compensation.

Elle doit avoir lieu, soit pour six mois, soit pour l'année au choix du contribuable, auquel il faut laisser la plus grande liberté à cet égard. Il est à désirer, pour éviter les demandes du percepteur, que le contribuable fasse toujours cette compensation dans les mois de janvier et de juillet de chaque année. Il n'y aura point d'escompte à lui retenir pour le temps qui s'écoulera entre l'époque de la compensation et l'ouverture du semestre. En recevant, lors de la compensation, la quittance d'arrérage, le receveur général en informera, sur-le-champ, le percepteur, s'il s'agit d'impositions dues dans l'arrondissement chef-lieu; ou le receveur particulier pour les impositions dues dans les autres arrondissemens, en leur recommandant d'émarger ou de faire émarger les rôles, et de prendre toutes les précautions possibles pour la prompte remise de la quittance au contribuable, s'il la désire.

Si les contributions sont payables dans un autre département, le receveur général donnera au rentier une reconnoissance des arrérages qu'il lui aura laissés; et celui-ci s'engagera à lui remettre en échange la quittance du percepteur au rôle duquel il sera inscrit.

En conséquence, le receveur général fera créditer au trésor, pour le débit de son compte, celui du receveur général auquel il fera passer les fonds. Il lui en donnera avis, en lui indiquant le nom du contribuable, la somme à compenser, et le nom de la commune où les contributions seront dues. Le receveur général demandera à son confrère de lui faire passer, après avoir reçu crédit du trésor, la quittance du percepteur.

Tout receveur général, qui aura été ainsi crédité des impositions versées dans un autre département, en fera passer le montant au percepteur de la commune en un bon de lui, qui sera reçu pour comptant à la recette particulière; et il demandera en échange au percepteur la quittance destinée au contribuable.

Dans le cas où les arrérages de la rente excéderoient la contribution, le receveur général devra remettre au rentier son bon, payable aux échéances des semestres compensés. Dans le cas où la contribution surpasseroit le montant de la rente, le rentier versera l'appoint en faisant la compensation : dès qu'elle sera opérée, le receveur général demeurera chargé d'en prévenir le directeur des contributions, ou le percepteur, pour que l'annotation en soit faite sur le rôle, que l'article soit émargé, et que le contribuable ne puisse être inquiété en aucune manière.

Lorsque la contribution sera due dans un autre département, le receveur général demandera à son confrère de ce département de prendre les mêmes précautions avec la plus grande célérité.

Toute rente dont on aura compensé les arrérages, pourra néanmoins être vendue; mais seulement avec la jouissance qui suivra les semestres compensés.

DIRECTION DES CONTRIBUTIONS DIRECTES.

OBSERVATIONS GÉNÉRALES *sur les Matrices et Rôles des Contributions directes.*

A L'EXCEPTION de quelques départemens, où les directeurs des contributions avoient, de leur propre mouvement, réuni dans un même rôle, la contribution foncière et celle des portes et fenêtres, partout ailleurs, chacune des quatre contributions avoit un rôle particulier.

Cet ordre de choses qui remontoit à 1791, avoit des avantages incontestables. La confection des rôles étoit plus prompte. On pouvoit les expédier tous simultanément, en les distribuant entre un plus grand nombre d'expéditionnaires. Aussitôt que les rôles d'une contribution étoient finis, ils étoient rendus exécutoires, envoyés immédiatement aux percepteurs, et mis en recouvrement.

Lorsque le percepteur avoit reçu tous les rôles d'une commune, il inscrivoit, sur un sommier, chaque contribuable avec le montant de chacune de ses cotes, et il y portoit les sommes successivement payées. Mais ces sommiers n'etoient point en usage partout. Là où ils l'étoient, rien n'en garantissoit l'exactitude, les paiemens n'y étoient point toujours soigneusement transcrits, ni émargés fidèlement sur les rôles. La vérification des rôles étoit elle-même fort longue, lorsqu'il falloit opérer sur 4, 5 ou 6 communes, dont une perception est souvent composée. Un contribuable recevoit un avertissement pour chacune de ses taxes ; quelquefois il n'en recevoit aucun, et il n'en payoit pas moins les frais qui, laissés à la discrétion du percepteur, étoient partout arbitrairement établis.

Il a fallu des considérations aussi puissantes pour déterminer, en 1816, l'administration à changer de système, et à prescrire de nouvelles formes pour les matrices, pour les rôles et les feuilles d'avertissement. La matrice générale embrasse les quatre contributions. Elle se divise en deux parties ; l'une renferme les bases de cotisation, ou la matière imposable ; l'autre comprend les cotisations individuelles.

La première partie qui est véritablement la matrice, présente, par page, six cases reservées pour autant de contribuables, et séparées par des barres à l'encre. On raye les articles qui, par suite des mutations, doivent disparoître entièrement. Les articles nouveaux sont mis à la place de ceux annullés, ou à la fin de la matrice, lorsque toutes les cases se trouvent remplies.

L'on a fait observer que les barres à l'encre, qui séparent chaque case, sont très-gênantes pour les additions des sommes, dont le total doit se mettre au bas de chaque colonne et de chaque page, que les surcharges et les ratures provenant des mutations de trois années consécutives, ajoutent à l'embarras des calculs, et que l'insertion des articles nouveaux soit à la place des articles annullés, soit à la fin de la matrice, intervertit la série alphabétique des noms si utiles, soit pour les mutations annuelles, soit pour les recherches et les renseignemens dont on a journellement besoin. Cet inconvénient n'existeroit point, si, renonçant à ces cases qui ne font que jeter de la confusion dans une matrice déjà hérissée de tant de chiffres et de colonnes, l'on se bornoit à mettre entre chaque nom assez d'intervalle pour recevoir les mutations successives de trois années, et, entre la fin d'une lettre et le commencement de l'autre, un espace en blanc suffisant pour y introduire les cotes nouvelles.

La seconde partie de la matrice qui doit recevoir les cotisations annuelles, et sert conséquemment de minute de rôle, a donné lieu à des observations plus sérieuses.

Quelques directeurs ont représenté que depuis 3o ans qu'ils font des rôles, ils n'en ont jamais redigé de minute, et que cependant les rôles n'ont donné lieu à aucune réclamation importante;

Qu'en principe général, une matrice n'est point une minute de rôle, qu'elle ne doit présenter que la matière imposable, et que, moins elle est surchargée de détails, plus la rédaction en est claire, correcte et facile;

Que l'application des tarifs sur le rôle même est plus simple et plus expéditive, parce que l'expéditionnaire a distinctement sous les yeux les sommes à tarifer, et qu'aucune surcharge, aucune rature ne le distrait de l'objet principal de ses calculs, tandis que la minute de rôle l'expose à des erreurs continuelles, soit pour l'application des tarifs, soit pour l'addition des taxes, soit enfin pour leur transcription sur le rôle.

Dans l'application de tant de tarifs différens, et lorsqu'il faut sans cesse aller chercher les bases de cotisation pour les tarifer, et revenir ensuite porter les taxes dans les colonnes destinées à les recevoir, l'employé le plus intelligent peut se tromper aisément de colonne. Il suffit d'une seule méprise pour vicier le rôle et forcer à le recommencer.

L'addition des taxes d'une année, placés au-dessous de celles de l'année précédente, est très-longue et très-pénible. A la troisième année, il est presqu'impossible de s'y reconnoître. La confusion est extrême, et lorsqu'il faut sauter d'une case à l'autre pour additionner et totaliser des chiffres que leur exiguité rend à peine visibles, les erreurs échappent à l'attention la plus soutenue. Il faut les chercher et les rectifier : la perte de temps est considérable.

Enfin la transcription de la minute du rôle, au milieu d'une foule de colonnes hérissées de tant de taxes différentes, offre un travail si minutieux que la crainte des erreurs en prolonge la durée.

L'on a objecté que la minute du rôle avoit l'avantage de donner sur-le-champ à un contribuable le montant de sa cote, lorsqu'il l'a demandoit. Mais n'est-il pas également facile de satisfaire à ces demandes, en conservant soigneusement les proportions qui servent à la formation des tarifs des contributions de chaque année ? Un propriétaire veut-il avoir la cote qu'il payoit en telle ou telle année ? il suffit de relever son revenu sur la matrice, et d'appliquer la proportion à ce revenu : l'on obtient sa cote. Il n'est pas une direction bien organisée, qui n'ait dû conserver l'état de ces proportions annuelles ?

L'on a objecté en second lieu que le nouveau modèle du rôle n'offroit point les moyens de vérifier, au bas de chaque page, si les tarifs avoient été bien appliqués.

Sans doute il eût été désirable qu'on eût pu détacher et présenter, dans des colonnes distinctes et séparées, les bases de cotisation ; mais cette mesure a été reconnue impraticable à cause de la multiplicité des colonnes qu'il eût fallu ouvrir, sur-tout pour les portes et fenêtres.

N'existe-t-il point d'ailleurs d'autres moyens de s'assurer de la juste application des tarifs ? Le premier de tous est de choisir et de distribuer convenablement de bons expéditionnaires, de bons tarifeurs ? Les irrégularités des rôles ne proviennent le plus souvent que d'un système de parcimonie qui éloigne les employés intelligens et honnêtes.

Si l'on veut d'ailleurs prévenir les erreurs, pourquoi ne point faire, avant tout, collationner les bases de cotisation portées sur les rôles ? Cette collation est toujours moins longue, moins pénible que la confection d'une minute de rôle, et les taxes ne peuvent être que régulières, si l'on applique exactement les tarifs à une matière imposable, correctement copiée.

Qu'est-ce qui empêche encore, lorsque le rôle ne contient que trois articles par page, de relever de temps en temps, et d'additionner trois revenus ; auxquels on applique le tarif, pour s'assurer si le total des trois taxes concorde avec le total placé au bas de la page ?

Il est une vérité constante, c'est qu'il n'y a point de mesure

générale, qui ne présente dans son exécution des inconvéniens et des avantages. La sagesse consiste à les peser tous
dans une juste balance, et à adopter le mode le plus prompt,
le plus économique et le plus simple. Le nouveau modèle
du rôle est-il sous ce rapport, préférable à l'ancien? C'est
ce que l'expérience doit prouver à ceux qui ont pu élever
des doutes à cet égard.

Les directeurs, qui ont adressé ces observations, ont
demandé que la minute des rôles ne fût pas obligatoire, mais
facultative; et ont fait part des mesures qu'ils prenoient pour
y suppléer.

L'administration a déféré en partie à leur demande. Elle a
maintenu provisoirement la matrice générale pour éviter les
frais de réimpression. Cette matrice destinée à servir pendant trois années, qui ont commencé en 1819, a déjà reçu
les mutations pour 1820. Elle doit recevoir celles pour 1821.
Ce n'est que pour 1822 qu'elle est susceptible d'être renou-
velée, et qu'elle pourra subir les modifications dont elle
sera jugée susceptible.

Mais le Ministre n'a point cru devoir attendre cette époque
pour simplifier la forme du rôle général et des feuilles d'a-
vertissement. De nouveaux modèles en ont été adressés aux
directeurs.

NOUVEAU MODÈLE *du rôle général des Contributions
directes, et explication des différentes parties dont il
se compose.*

Feuille de tête du rôle.

La feuille de tête comprend, pour chacune des quatre contributions, le principal et le détail des centimes additionnels
de toute nature.

Contribution foncière. — Personnelle et mobilière.

Principal :

Centimes pour fonds de non-valeurs.

Centimes ordinaires.

Centimes extraordinaires.

Centimes facultatifs, votés par le conseil général.

Centimes pour impositions extraordinaires.

Centimes calculés sur le principal et les centimes ci-dessus, pour traitement fixes et remises du receveur général et des receveurs particuliers.

Centimes pour dépenses communales calculés sur le principal seulement.

Centimes pour impositions locales autorisés par ordonnances royales, calculés sur le principal seulement.

Centimes pour réimpositions calculés sur le principal.

Centimes pour remises du percepteur, calculés sur le principal et tous les centimes ci-dessus.

Contribution des portes et fenêtres.

Principal :

Centimes ordinaires pour frais de confection de rôles, dégrèvement et non-valeurs.

Centimes temporaires.

Centimes pour impositions extraordinaires :

Centimes calculés sur le principal, et les centimes ci-dessus pour traitemens fixes et remises du receveur général et des receveurs particuliers.

Centimes calculés sur le principal pour réimpositions.

Centimes calculés sur le principal et tous les centimes ci-dessus pour taxations du percepteur.

Contribution des patentes.

Principal, consistant en droits fixes et proportionnels.

5 Centimes pour fonds de non-valeurs.

$1/10^e$ de centime calculé sur le principal, et les 5 centimes ci-dessus pour la remise du receveur général sur l'arrondissement autre que celui du chef-lieu.

$1/3$ de centime calculé sur le principal, et les centimes ci-dessus pour remise du receveur particulier.

Centimes calculés sur le principal, et les centimes ci-dessus pour remise du percepteur.

Au bas de la feuille de tête se trouve une récapitulation générale du montant de chaque contribution en principal, centimes additionnels, et frais pour feuilles d'avertissement.

Feuille de l'intérieur du rôle.

L'intérieur du rôle ne diffère de l'ancien modèle que par les cinq colonnes qui répètent le total de chacune des cotes des contribuables.

Ces colonnes étant additionnées, la récapitulation des bas de pages donne la certitude que le contingent de chaque contribution a été entièrement réparti.

Par ce moyen, le confectionnaire n'éprouve pas plus de difficultés que lorsqu'il faisoit chaque rôle séparément.

Il commence par l'application du tarif de la contribution foncière, et lorsqu'il est sûr que cette opération est régulière, il passe à l'application du tarif de la contribution des portes et fenêtres, et successivement aux deux autres contributions.

Ce mode dispense le directeur, s'il le juge plus prompt et plus expéditif pour la confection des rôles de porter les cotisations sur les matrices générales.

Récapitulation générale.

Elle consiste dans le simple relevé des bas de pages.

Feuille de fin du rôle.

Dans l'ancien modèle, il se trouvoit à la fin du rôle un cadre portant les noms des contribuables qui avoient obtenu des décharges ou réductions sur leur cote foncière, personnelle et mobilière et des portes et fenêtres, et le montant des sommes réimposées à leur profit. Ce cadre est supprimé et remplacé par un état.

Cet état comprend dans les six colonnes dont il se compose :

Les noms et prénoms des contribuables ; — les dates des ordonnances ; — l'exercice sur lequel porte l'ordonnance ; — le montant des ordonnances sur la contribution foncière ; — sur la contribution personnelle et mobilière ; — sur les portes et fenêtres.

Cet état, certifié par le directeur des contributions, accompagne les rôles et les feuilles d'avertissement qui sont adressés au percepteur.

Formule de l'arrêté du rôle général.

Cette formule, dans l'ancien modèle, étoit fort longue et nécessitoit beaucoup d'écritures. Elle est aujourd'hui plus claire et plus courte. Elle offre un simple résumé du montant de chaque contribution en principal et centimes additionnels réunis. Elle est ainsi conçue :

Vu le rôle des contributions directes de la commune de   pour l'année   après avoir procédé à sa vérification, en avons arrêté le montant, tant en principal qu'en centimes additionnels, à la somme de

Savoir :

Pour la contribution foncière, à la somme de

Pour la contribution des portes et fenêtres, à

Pour la contribution personnelle et mobilière, à

Pour la contribution des patentes, à

Et enfin pour le montant de frais d'avertissement, à

Pour le recouvrement du présent rôle, être fait, et le montant versé par le percepteur, entre les mains du receveur particulier de l'arrondissement, à l'exception des centimes pour dépenses communales et impositions locales qui resteront à la disposition du maire, du montant des réimpositions qui sera remis à chacun des contribuables, au profit de qui elles auront été ordonnées, et des remises du percepteur qu'il est autorisé à retenir entre ses mains.

Enjoignons à tous les contribuables dénommés au présent rôle, leurs représentans ou ayans-cause, à tous fermiers ou locataires, régisseurs et administrateurs des biens cotisés, d'acquitter les sommes y contenues à peine d'y être contraints par les voies de droit.

Nouveau modèle *de l'État général du montant des Rôles, et explication de ses détails.*

Les directeurs des contributions envoyoient, tous les ans, au Ministre, pour chaque nature de contributions, un état du montant des rôles, dans lequel le principal et les centimes additionnels étoient détaillés. Il ne doit plus y avoir aujourd'hui qu'un seul état où le montant des rôles des quatre contributions se trouve réuni.

La tête de cet état présente, pour tout le département, le principal de chaque contribution, et le détail de tous les centimes additionnels.

La feuille du centre est divisée en quatre parties, et présente par arrondissement et par commune :

1° Pour la contribution foncière :

Dans une seule et même colonne le principal, les centimes pour fonds de non-valeurs, les centimes ordinaires et temporaires, les centimes facultatifs et les impositions extraordinaires : dans chacune des colonnes suivantes, le montant des autres centimes.

2° Pour la contribution des portes et fenêtres :

Dans une seule et même colonne le principal, les centimes ordinaires pour frais de confection de rôles et dégrèvement, les centimes temporaires et impositions extraordinaires : dans chacune des colonnes suivantes, le montant des autres centimes.

3° Pour la contribution personnelle et mobilière :

Dans une seule et même colonne le principal, les centimes pour fonds de non-valeurs, les centimes ordinaires et temporaires, les centimes facultatifs et les impositions extraordinaires : dans chacune des colonnes suivantes, le montant des autres centimes.

4° Pour la contribution des patentes :

Dans une seule colonne le principal, les cinq centimes pour fonds de non-valeurs et les impositions extraordinaires : dans chacune des colonnes suivantes, le montant des autres centimes.

L'avant-dernière colonne contient le montant des frais d'avertissement ; et dans la dernière colonne se trouve le total général des quatre contributions et des frais d'avertissement.

Ce total général doit, si toutes les colonnes de l'état ont été soigneusement remplies et calculées, concorder avec celui que présente la tête de cet état.

NOUVEAU MODÈLE *de la feuille d'Avertissement à délivrer aux contribuables.*

La feuille d'avertissement destinée à faire connoître aux contribuables le montant de leurs cotisations étoit évidemment trop compliquée ; elle contenoit non-seulement le montant de leurs cotes en principal et centimes additionnels réunis pour chaque contribution, mais encore la nature et la quotité de tous les centimes additionnels qui se confondent avec le principal.

Parmi ces centimes, il en est dont la quotité pouvoit être

7

imprimée d'avance, parce qu'elle est déterminée par la loi ;
mais il en est d'autres qu'on ne peut connoître qu'au moment
de la confection des rôles, et l'on étoit obligé d'en remplir
la quotité à la main : ce qui exigeoit beaucoup de calculs et
prolongeoit le travail sans aucun but d'utilité pour les quatre
cinquièmes des contribuables.

La feuille d'avertissement ne contient plus aujourd'hui
la quotité, mais seulement la désignation des centimes additionnels au principal de chaque nature de contribution,
comme le porte le modèle suivant :

COMMUNE

d

M.

Percepteur , résidant
à

Jours de recettes

Les centimes addition-
nels au principal de chaque
contribution se composent,
savoir :

*Pour le foncier , personnel
et mobilier.*

De centimes du fonds de
non-valeurs ; — de centi-
mes ordinaires, temporaires
et facultatifs votes par le
conseil général ; — de centimes extraordinaires pour
dépenses départementales
et d'arrondissement ; — de
centimes pour traitement et
remises des receveurs ; —
dépenses communales ; —
impositions locales ;—réimpositions ; — frais de perception.

AVERTISSEMENT pour l'an 182

*En exécution de la Loi des finances du
, et d'Ordonnances royales.*

Les frais d'impression et d'expédition du
présent avertissement se trouvant compris
dans le rôle, le contribuable doit le recevoir,
sans frais, à son domicile.

EXTRAIT du Rôle général des Contributions directes de l'an 182

ARTICLE

M.

demeurant à

est imposé en principal et centimes
additionnels, savoir :

Foncier.

Revenu { Propriétés bâties. . . . .
Propriétés non bâties. . . . . .

Pour les portes et fenêtres.

De centimes pour frais de confection de rôles et non-valeurs;—de centimes temporaires;—de centimes extraordinaires; — de centimes pour traitement et remises des receveurs; — impositions locales;—réimpositions; — frais de perception.

Pour les patentes.

De centimes du fonds de non-valeurs; — de centimes extraordinaires; — de centimes pour remises des receveurs; — impositions locales;—frais de perception.

———

Le droit qu'a le contribuable de se faire représenter, en tout temps, par le percepteur, la feuille de tête du rôle où se trouvent le principal ainsi que la nature et la quotité des centimes additionnels, lui donne le moyen de s'assurer si sa cote en principal et accessoires est exactement établie.

Portes et fenêtres.

Nombre.
{
Portes cochères, charretières et de magasins en gros. . . . . .
Portes et fenêtres de rez-de-chaussée, 1er, 2e étage.
Fenêtres du 3e et au-dessus. .
Maison à une porte et à une fenêtre. . . . .
Maison n'ayant qu'une porte. .
}

Personnel et mobilier.

Loyer.
{
Cotte personnelle. . . . .
Cotte mobilière. . . . .
}

Patentes.

Loyer.
{
Droit fixe. . . . .
Droit proportionnel. . . . . . .
Centimes additionnels. . . . . .
}
Frais d'impression et remise du présent. . . . .

TOTAL. . . .

CERTIFIÉ *par le Directeur des Contributions directes soussigné.*

Avis aux Contribuables.

Le prix du timbre de la formule de patente est dû en sus de la somme portée au présent avertissement.

Les contributions directes sont exigibles par douzième.

Aucune pétition ne sera admise après l'expiration des trois mois qui suivront la publication du rôle.

Toute déclaration à laquelle ne seroient pas joints l'extrait du rôle et la quittance des termes échus, ne sera pas admise.

Nonobstant toute réclamation, chaque contribuable doit payer la totalité de sa taxe dans les délais prescrits, sauf le remboursement, par la voie de la réimposition, des or-

7 *

donnances de décharge et de réduction qu'il pourroit obtenir.

Les fermiers ou locataires sont tenus de payer, à l'acquit des propriétaires ou usufruitiers, la contribution foncière pour les biens qu'ils auront pris à ferme ou à loyer.

Les propriétaires et principaux locataires des maisons sont tenus, un mois avant le déménagement de leurs sous-locataires, de se faire représenter les quittances de paiement de leurs contributions, à peine d'en demeurer responsables.

Les contribuables devront représenter au percepteur leur avertissement à chaque paiement qu'ils effectueront.

Toute quittance, pour être valable, doit être délivrée sur les coupons que le percepteur a détachés de son registre à souche. Il lui est interdit de se servir de ces coupons pour donner des duplicata, lesquels ne peuvent être délivrés que sur des feuilles de papier ordinaire.

Cadre à remplir par le Percepteur.

Nota. Ce cadre est composé de quatre colonnes intitulées :

La première. — *Numéro du registre, ou du coupon délivré par le Percepteur.*

La seconde. — *Dates des paiemens.*

La troisième. — *Taxes.*

La quatrième. — *Frais.*

CIRCULAIRE *du Ministre des finances aux Préfets, concernant les feuilles d'Avertissement à délivrer aux contribuables pour les Rôles particuliers.*

Du 11 mars 1820.

Vous avez été invité, Monsieur le Préfet, à veiller exactement à ce que toutes les impositions locales fussent comprises dans les rôles uniques, et je ne puis trop insister sur une disposition aussi importante.

Il peut arriver toutefois que, les rôles uniques étant confectionnés, une imposition locale d'une urgence extrême exige un rôle particulier ; et des rôles particuliers sont indispensables pour les impositions à établir, lorsqu'il y a lieu, à l'effet de subvenir au paiement des gardes champêtres et aux dépenses des chambres et bourses de commerce.

Aux termes de l'article 51 de la loi des finances du 15 mai 1818, des avertissemens doivent être délivrés aux contribuables : le soin de la rédaction de ces avertissemens est confié aux directeurs des contributions directes, d'après la même loi qui fixe le prix de l'avertissement à 5 centimes.

Quelques-uns de MM. les Préfets m'ont fait observer que, dans ces rôles particuliers, il y avoit des cotisations très-foibles, et qu'il seroit véritablement trop rigoureux de faire payer à un contribuable dont la cote ne seroit que de 30, 20, 10 centimes, et quelquefois au-dessous, les frais d'un avertissement de 5 centimes.

Rien de plus juste que cette observation ; et je pense que les 5 centimes pour frais d'avertissement ne doivent être ajoutés qu'aux cotes d'un franc et au-dessus.

Le directeur n'auroit ainsi d'avertissemens à former que pour les contribuables dont les cotes seroient d'un franc et au-dessus ; ceux dont les cotes seront inférieures recevront *gratis* un avertissement sommaire du percepteur.

Par ce moyen, le principe consacré par la loi recevra son exécution : des avertissemens seront délivrés à tous ceux qui sont portés au rôle, et le sort du foible contribuable ne sera pas aggravé.

DISPOSITIONS *concernant les Rôles particuliers.*

Extrait de la Circulaire du Ministre des finances du 25 juillet, sur le répartement de 1820.

Le rôle général doit aussi comprendre les impositions locales à établir, conformément à la loi, et en vertu d'ordonnances royales, dans le cas où les 5 centimes pour dépenses communales, et les autres ressources de la commune étant épuisées, il y auroit eu lieu de pourvoir à une dépense véritablement urgente.

Je vous prie, en conséquence, de faire remettre au directeur un état exact des impositions de cette nature, afin qu'il puisse entrer dans les rôles de 1820.

Il y a une exception nécessaire à ce principe à l'égard des impositions que les lois autorisent à établir pour le paiement des traitemens des gardes champêtres, parce que l'imposition ne doit frapper que sur les propriétés non closes, et à l'égard des dépenses des chambres et bourses de commerce parce que l'imposition ne porte pas sur toutes les classes de patentables.

Pour ces deux natures de dépenses et pour le cas extrêmement rare d'une dépense locale qui ne pourroit absolument pas être différée jusqu'à l'époque de la confection des rôles de l'année suivante, il devra continuer à être fait des rôles particuliers; mais ils ne pourront l'être que par le directeur des contributions, particulièrement chargé de vous en remettre les états, que vous aurez le plus grand soin de me faire parvenir, ainsi qu'à M. le Ministre de l'intérieur.

Il continuera, au surplus, à être fait par le directeur, conformément aux instructions précédemment transmises des rôles spéciaux pour les bois et autres propriétés qui n'auroient pas été compris dans les rôles particuliers de 1819, et qui cesseroient ultérieurement de faire partie du domaine de l'État, ou deviendroient imposables pour toute autre cause.

MÉTHODE à suivre pour la répartition entre tous les Arrondissemens, des traitemens et remises du Receveur général et des Receveurs particuliers.

Le changement le plus remarquable opéré sur la feuille de tête du rôle général, consiste, comme on a vu, à porter en bloc les traitemens fixes, et les remises du receveur général et des receveurs particuliers sur la contribution foncière, la contribution personnelle et mobilière et des portes et fenêtres.

Le modèle suivant, annexé à la circulaire du 10 mars 1820, indique la marche à suivre pour répartir ces traitemens et remises entre tous les arrondissemens.

On suppose que les contributions foncière, des portes et fenêtres, personnelle et mobilière du département, s'élèvent en principal, 2 centimes additionnels pour fonds de non-valeurs, 17 centimes 1/2 ordinaires, 25 centimes 1/2 temporaires, centimes facultatifs, centimes extraordinaires, à une somme de 3,144,800 francs,

Divisée entre les trois arrondissemens ainsi qu'il suit :

1ᵉʳ arrondissement.	1,862,000 f.	00 c.
2ᵉ arrondissement.	902,000	00
3ᵉ arrondissement.	380,800	00
Total égal.	3,144,800	00
Les 2ᵉ et 3ᵉ arrondissemens paient.	1,282,800	00
1/10 de centime pour les remises du receveur général.	1,282	80
Traitement du receveur général.	6,000	00
TOTAL.	7,282	80

A répartir sur les trois arrondissemens. Divisant 7,282 f. 80 c. par 3,144,800 f., montant des contributions foncière, portes et fenêtres, personnelle et mobilière du département entier, on a une proportion de $\frac{231582}{1000000}$.

Répartition des Traitemens et Remises du Receveur général entre les trois Arrondissemens.

1ᵉʳ arrondis. — Contrib.	1,862,000 f.	Contingent.	4,312 f.	06 c.
2ᵉ *Idem.*	902,000	*Idem.*	2,088	87
3ᵉ *Idem.*	380,800	*Idem.*	881	87
	3,144,800		7,282	80

Traitemens et Remises des Receveurs particuliers.

1ᵉʳ ARRONDISSEMENT.

Montant des trois contributions directes.   . 1,862,000 f. 00 c.
Portion afférente à l'arrondissement dans les traitemens et remises du receveur général, *néant ;* attendu que le receveur général n'a pas droit à des remises sur ses propres remises.

1/3 de centime pour les remises du receveur général comme receveur particulier de l'arrondissement chef-lieu.   6,206   66

Traitement du receveur particulier , *néant ;* parce que le receveur général faisant les fonctions de receveur particulier dans l'arrondissement chef-lieu, n'a pas droit à ce traitement.

2ᶜ ARRONDISSEMENT.

Montant des contributions de cet arrondissement. . . . .   902,000 f. 00 c.
Portion afférente à l'arrondissement dans les traitemens et remises du receveur général. .   2,088   87
TOTAL sur lequel le receveur particulier a droit aux remises.   904,088   87

1/3 de centime.   3,013   67
Traitement du receveur particulier. . .   2,400   00
TOTAL à imposer pour les traitemens et remises du receveur particulier. . . .   5,413   67

3ᵉ ARRONDISSEMENT.

Montant des contributions de cet arrondissement. . . . .   380,800 f. 00 c.
Traitement et remises du receveur général.   881   87
TOTAL.   381,681   87

1/3 de centime pour remises du receveur particulier.   1,272   27
Traitement du receveur particulier. . . .   2,400   00

3,672   27

Récapitulation des Traitemens et Remises des Receveurs particuliers.

1er arrondissement.	6,206 f. 66 c.
2e arrondissement.	5,413 67
3e arrondissement.	3,672 27
TOTAL. . . .	15,292 60
Traitement et remises du receveur général.	7,282 80
TOTAL à imposer sur le département entier.	22,575 40

Divisant cette somme par le montant des contributions foncière, portes et fenêtres, personnelle et mobilière du département, on aura une proportion de $\frac{717864}{1000000}$, applicable à chaque arrondissement, à chaque commune, à chaque cote.

DISPOSITIONS PARTICULIÈRES *pour les remises du Receveur général et des Receveurs particuliers sur les Patentes.*

L'on voit par le modèle de la feuille de tête du rôle, que les patentes ne supportent que les remises du receveur général et des receveurs particuliers, tandis que les trois autres contributions supportent les remises et les traitemens fixes.

Pour faire porter les traitemens sur les patentes, il auroit fallu que le principal des patentes fût fixé d'avance. Il ne l'est pas et il ne peut l'être, puisque c'est un impôt de quotité, dont le produit n'est que le résultat des rôles.

Mais l'on demande pourquoi le dixième de centime qui revient au receveur général pour sa remise, et qui devroit porter sur les patentes de tous les arrondissemens, ne porte point sur celles de l'arrondissement chef-lieu, comme l'indique l'exemple fictif joint à l'instruction ministérielle du 21 novembre 1814.

La réponse est toute simple. Le mode prescrit en 1814

avoit à la vérité l'avantage de faire porter le dixième de centime du receveur général sur tous les arrondissemens, et sous ce rapport il étoit conforme aux principes; mais il avoit l'inconvénient de donner en définitif pour ce dixième de centime, une somme trop forte ou trop foible.

En effet, pour opérer d'après ce mode, il faudroit calculer le dixième de centime d'après le produit des patentes de l'année précédente en principal, et cinq centimes du fonds de non-valeurs. Ainsi pour 1820, on prendroit les patentes de 1819; pour 1821, celles de 1820, et ainsi de suite. Le produit des patentes d'un département, variant d'une année à l'autre, il y auroit nécessairement, chaque année, sur le dixième de centime revenant au receveur général, un déficit ou un excédant qu'on ne pourroit régulariser que par des calculs qu'embrouilleroient la comptabilité.

Le mode adopté pour 1820 ne fait point porter le dixième de centime sur les patentes de l'arrondissement chef-lieu.; mais il ne donne en définitif pour ce dixième de centime, que ce qui doit revenir effectivement au receveur général, et tend à simplifier les calculs.

L'exemple suivant pourra faire juger du résultat des deux modes.

On suppose un département composé de trois arrondissemens, dont les patentes en principal et cinq centimes du fonds de non-valeurs, sont de 20,000 francs, savoir:

1er arrondissement, chef-lieu. . . . . 10,000 f.

2e *idem.* 6,000

3e *idem.* 4,000

                      Somme égale. 20,000

D'après la méthode de 1814, le dixième de centime, sur une cote de 100 fr., seroit dans chacun des trois arrondissemens de.... 05 c.

D'après la méthode de 1820, le dixième de centime sur une cote de 100 fr. seroit :

Dans l'arrondissement, chef-lieu. . . . . .   *néant.*
Dans les deux autres arrondissemens, de. . .   o   10 c.

Si, comme on voit, cette dernière manière d'opérer est favorable aux patentables de l'arrondissement chef-lieu, elle ne cause point à ceux des deux autres arrondissemens un préjudice assez sensible pour qu'ils aient le droit de s'en plaindre. Ce n'est déjà presque rien dans les fortes cotes. C'est, pour ainsi dire nul, dans les petites.

Au surplus, l'administration s'est vue obligée de prendre cette dernière mesure par l'impossibilité de répartir proportionnellement le dixième de centime sur tous les arrondissemens, puisque cette répartition proportionnelle ne pourroit rigoureusement être faite qu'autant que l'on connoîtroit le produit exact des rôles de l'année, à laquelle les remises du receveur général doivent se rapporter, et ce produit ne peut être connu qu'après l'entière confection des rôles.

RETENUES PROPORTIONNELLES *sur les traitemens, remises et salaires pour* 1820.

ART. 7. Continueront d'avoir lieu pour l'année 1820, sur le même pied que pour les six derniers mois de 1819, les retenues proportionnelles sur les traitemens, remises et salaires qui ont été prescrites par les articles 78 et 79 de la loi du 28 avril 1816, et par l'article 136 de la loi du 25 mars 1817.

ART. 8. Sont néanmoins exemptés de ladite retenue les traitemens des agens du ministère des affaires étrangères, pendant leur résidence hors du royaume.

NOUVEAU TARIF *pour les retenues proportionelles d'après la réduction de moitié, ordonnée en* 1819, *et maintenue pour* 1820.

En exécution des lois de finances des 28 avril 1816,

25 mars 1817, et 15 mai 1818, tous traitemens et salaires accordés à des fonctionnaires ou employés payés, soit par des fonds fournis par le trésor royal, soit par les recettes provenant des contributions publiques, directes, ou indirectes, dont ils sont agens; toutes remises accordées à des receveurs, percepteurs, payeurs sur les sommes qu'ils reçoivent, ou qu'ils paient pour l'Etat ou ses régies, sont assujettis à une retenue proportionnelle.

La loi des finances du 17 juillet 1819, a ordonné la continuation des retenues, mais elle en a réduit le tarif de moitié.

L'on a cru devoir placer ici un nouveau tarif conforme à cette réduction, pour la facilité de ceux qui voudroient en faire l'application à leurs traitemens et pensions.

TRAITEMENS		TRAITEMENS	
de 501 à 1,000 fr. . . $\frac{1}{2}$ c.		de 13,001 à 14,000 fr. . . . 9 c.	
de 1,001 à 1,500. 1		de 14,001 à 15,000 . . . . $9\frac{1}{2}$	
de 1,501 à 2,000. . . . . $1\frac{1}{2}$		de 15,001 à 16,000. 10	
de 2,001 à 2,500. 2		de 16,001 à 17,000. . . . . $10\frac{1}{2}$	
de 2,501 à 3,000. . . . . $2\frac{1}{2}$		de 17,001 à 18,000. 11	
de 3,001 à 3,500. 3		de 18,001 à 19,000. . . . . $11\frac{1}{2}$	
de 3,501 à 4,000. . . . . $3\frac{1}{2}$		de 19,001 à 20,000. 12	
de 4,001 à 4,500. 4		de 20,001 à 30,000. . . . . $12\frac{1}{2}$	
de 4,501 à 5,000. . . . . $4\frac{1}{2}$		de 30,001 à 40,000. 13	
de 5,001 à 6,000. 5		de 40,001 à 50,000. . . . . $13\frac{1}{2}$	
de 6,001 à 7,000. . . . . $5\frac{1}{2}$		de 50,001 à 60,000. 14	
de 7,001 à 8,000. 6		de 60,001 à 70,000. . . . . $14\frac{1}{2}$	
de 8,001 à 9,000. . . . . $6\frac{1}{2}$		de 70,001 à 85,000. 15	
de 9,001 à 10,000. 7		de 85,001 à 100,000. . . . . $15\frac{1}{2}$	
de 10,001 à 11,000. . . . . $7\frac{1}{2}$		de 100,001 à 150,000. 16	
de 11,001 à 12,000. 8		de 150,001 à 300,000. . . . . $16\frac{1}{2}$	
de 12,001 à 13,000. . . . . $8\frac{1}{2}$			

Sont exceptés des retenues :

1° Les employés et salariés dont le traitement est au-dessous de 500 fr., et les militaires au-dessous du grade de lieutenant. (Art. 79 de la loi du 28 avril 1816.)

2° Les traitemens des ministres du culte, ceux des académiciens, et hommes de lettres attachés à l'instruction publique, à la bibliothèque du Roi, à l'observatoire, ou au bureau des longitudes, lorsque ces traitemens n'excèdent pas 2,000 francs.

A l'égard de ceux dont les traitemens, à différens titres, excèdent 2,000 francs, lesdits traitemens sont cumulés en une seule masse, et la retenue est exercée sur la masse réunie.

3° Les traitemens des agens du ministère des affaires étrangères, pendant leur résidence hors du royaume.

RETENUES *pour les Pensions de retraites des Employés dépendans du Ministère des finances.*

Indépendamment des retenues proportionnelles qui, commencées en 1816, doivent durer jusqu'à ce qu'il en soit autrement ordonné, il est fait sur les traitemens des employés du ministère des finances et de la direction des contributions directes, une retenue pour former un fonds de pensions de retraite et de secours en faveur de ceux qui en sont susceptibles, ou de leurs veuves et de leurs orphelins.

Augmentation du taux de ces retenues.

Cette retenue réglée d'abord à deux centimes et demi par le décret du 4 prairial an 13 (24 mai 1805), a été portée à trois centimes et demi, par une ordonnance royale du 19 juin 1820, à cause d'insuffisance.

Ces deux retenues s'exercent sur le traitement brut.

Ainsi un traitement de. . . . . 15,000 fr.
doit pour la retenue proportion-
nelle neuf centimes et demi par
franc. . . . . 1,425 fr. ⎱
Pour pension de retraite, 3 c. 1/2.   525   ⎰ 1,950 fr.
Net à payer. . . . . 13,050 fr.

Pièces exigées pour les Pensions des Employés.

Les agens du Ministère des finances doivent remettre au premier commis de la division dont ils dépendent, leur demande, à fin de pension, avec leurs titres de services et leur acte de naissance.

Pièces exigées pour les Pensions des veuves des Employés.

Les veuves des employés doivent envoyer :
1° Un extrait de leur acte de célébration de mariage ;
2° Un certificat constatant qu'elles n'étoient point divorcées ni remariées.
3° Leur acte de naissance.
Ces pièces doivent être dûment légalisées.

NOUVELLES DISPOSITIONS *concernant les Contributions des Electeurs et des Eligibles à la Chambre des Députés.*

Extrait de la loi du 29 juin 1820, sur les Elections.

ART. 3. « La liste des électeurs de chaque collège sera
» imprimée et affichée un mois avant l'ouverture des col-
» léges électoraux. Cette liste contiendra la quotité et l'es-
» pèce des contributions de chaque électeur, avec l'indica-
» tion des départemens où elles sont payées. »
ART. 4. « Les contributions ne seront comptées pour être
» électeur ou éligible, que lorsque la propriété foncière
» aura été possédée, la location faite, la patente prise, et
» l'industrie sujette à patente, exercée une année avant l'é-
» poque de la convocation du collège électoral. Ceux qui
» ont des droits acquis avant la publication de la présente

» loi, et le possesseur à titre successif, sont seuls exceptés
» de cette condition. »

ART. 5. « Les contributions foncières payées par une
» veuve sont comptées à celui de ses fils; à défaut de fils, à
» celui de ses petits-fils; et à défaut de fils et petits-fils, à
» celui de ses gendres qu'elle désigne. »

———

On peut consulter le *Manuel des Contribuables* de 1819 (1),
pages 249 et suivantes, pour les dispositions de la loi du 5
février 1817, et celles de l'instruction ministérielle du 18
avril de la même année, sur les contributions directes exigées
pour être électeur et éligible à la Chambre des Députés. La
nouvelle loi des élections du 29 juin 1820, n'a apporté, sous
ce rapport, à celle du 5 février 1817, d'autres modifications
que celles contenues dans les articles précités.

———

(1) 1 vol. in-8°. Prix 4 fr., et 5 fr. franc de port. On le trouve
au Dépôt des Lois.

F I N.

De l'Imprimerie de DEMONVILLE, rue Christine n° 2.

LIBRAIRIE DE J. DECLE, *seul Propriétaire actuel du Dépôt des Lois, place du Palais de Justice, à Paris.*

NOTICE DES PRINCIPAUX OUVRAGES *qui se trouvent dans son Établissement.*

Nota. Les lettres de demandes et d'envoi d'argent, doivent lui être adressées franc de port, à l'adresse ci-dessus.

COLLECTION GÉNÉRALE DES LOIS, décrets, arrêtés, sénatus-consultes, avis du conseil d'état, règlemens d'administration et ordonnances du Roi, publiés depuis 1789 jusqu'au 1er janvier 1819, recueillis et mis en ordre par *L. Rondonneau*, avec une table générale par ordre alphabétique des matières, formant en tout 33 vol. in-8°, imprimés à l'Imprimerie royale, 195 fr. pris à Paris.

Nota. Les 8 premiers vol. de cette collection depuis 1789 jusqu'au 22 prairial an 2, époque où a commencé le Bulletin des Lois, se vendent séparément, 48 francs, pris à Paris.

TABLE GÉNÉRALE, par ordre alphabétique des matières, des cinq Codes, des lois, sénatus-consultes, décrets, arrêtés, avis du conseil d'état, règlemens d'administration et ordonnances du Roi, publiés dans le bulletin des lois et dans les collections officielles, depuis 1789 jusqu'au 1er janvier 1819, par *L. Rondonneau*, 5 vol. in-8°, en petit texte à deux colonnes, imprimés à l'Imprimerie royale, 27 fr. — 34 fr.

Nota. Le 5e vol. qui contient la table depuis le 1er avril 1814, jusqu'au 1er janvier 1819, se vend séparément, 3 francs et 4 francs.

Charte Constitutionnelle du 4 juin 1814, in-8°. 30 c. — 35 c.

Code de la Chasse et de la Pêche, terminé par l'ordonnance des Eaux et Forêts de 1669, 1 vol. in-8°. 2 fr. — 2 fr. 50 c.

— *Le même*, sans l'ordonnance, 1 fr. — 1 fr. 25 c.

Code de la Garde nationale de France, édition nouvelle, in-8°. 1 fr. — 1 fr. 25 c. (1818.)

Code de la voirie, (grande et petite), avant et depuis 1789, jusqu'à ce jour; nouvelle édition, 1 vol. in-8°, 4 fr. — 5 fr. 25 c. (1818.)

Code de Procédure civile, avec les Exposés des motifs des Orateurs du gouvernement, édition du Dépôt des lois, 1 vol. in-4°. 7 fr. — 9 fr.

— *Le même*, avec la concordance des articles du tarif des frais et dépens, 1 vol. in-8°. 5 fr. — 6 fr. 50 c.

Code des Douanes de France, par M. *Dujardin-Sailly*, 1 vol. in-4°. 18 fr. — 23 fr. franc de port.

Code forestier depuis l'an 9 jusqu'à ce jour, terminé par l'ordonnance des Eaux et Forêts de 1669, 1 vol. in-8°. 2 fr. 50 c. — 3 fr. 50 c.

Concordance des Calendriers républicain et grégorien, in-8°. 1 fr. 50 c. — 1 fr. 80 c. — cartonnée, 2 fr.

Considérations sur le pouvoir judiciaire et le jury, par M. H. de M**, in-8°. 2 fr. — 2 fr. 50 c. (1819.)

Cours élémentaire du Code civil, ou exposé méthodique des dispositions du Code civil, pour en faciliter l'intelligence, par feu M. *Pigeau*, (nouvelle édition 1818), 2 vol. in-8°. 12 fr. — 15 fr.

De la garantie des créances, d'après les lois françaises, ou des priviléges et hypothèques, des purges et des surenchères, etc., par M. *Balleroy de Reinville*, 2 vol. in-8°. 12 fr. — 16 fr.

Dictionnaire de Police moderne pour toute la France, à l'usage journalier des fonctionnaires chargés, dans tout le royaume, de l'exercice de la police, et utile aux citoyens de toutes les classes, par M. *Alletz*, commissaire de police, 4 v. in-8°. Prix, 32 fr. à Paris. (1820.)

Discussions du Code civil dans le Conseil d'état, précédées des articles correspondans du texte et du projet; par MM. *Jouanneau et Solon;* seconde édition, augmentée d'un troisième vol. par M. *Delaporte*, 3 vol. in-4°. 60 fr., pris à Paris.

Élémens de jurisprudence administrative, extraits des décisions rendues par le conseil d'état en matière contentieuse, par M. *Macarel*, avocat, 2 vol. in-8°. 12 fr. — 14 fr. 50 c.

Essai sur les principes du gouvernement représentatif, par *Savy La Roque*, procureur du Roi à Sarlat, in-8°. 3 fr. — 4 fr.

Essai sur la puissance paternelle, par M. *Chrestien de Poly*, 2 v. in-8°. 12 fr. — 15 fr. (1820.)

Histoire de Paris (Beautés de l'), ou Précis de ce qu'il y a de plus intéressant dans les annales de cette capitale, l'origine de ses monumens, etc.; par *P. J. B. Nougaret*, 1 vol. in-12, 3 fr. 60 c. — 4 fr. 75 c.

Histoire du Notariat, suivie de considérations générales sur l'état actuel de cette législation, par M. E. D. *Berge*, notaire, 1 vol. in-12, 2 fr. — 2 fr. 50 c.

Instruction aux Maires, par un préfet, 1 vol. in-8°. 3 fr. — 4 fr.

Jurisprudence Commerciale et Municipal, ou exposition raisonnée des lois et de la jurisprudence concernant les biens, les dettes et les procès des communes, par *Guichard*, 1 vol. in-8°, 6 fr. — 8 fr.

Législation et Jurisprudence des successions, par *Pailliet*, avocat, auteur du *Manuel du Droit français*, 3 vol. in-8°, 18 fr. — 24 fr.

Les cinq Codes, édition officielle, in-8°. br. 7 fr. 30 c. — 12 fr. *Les mêmes*, rel. en basane, 9 fr.

Les cinq Codes, édition nouvelle, conforme au Bulletin des lois, avec le tarif des frais et dépens, en matière civile et criminelle, et le tableau des distances des chefs-lieux des départemens, terminés par une table alphabétique générale des matières, 1 vol. in-18. 3 fr. — 4 fr., — rel. en bas. à cinq tranches, 4 fr.

Les Familles françaises, considérées sous le rapport de leurs prérogatives honorifiques héréditaires, ou Recherches historiques sur l'origine de la noblesse, etc., par M. *Delaigue*, 1 v. in-8°. 6 fr. — 7 fr. 50. (Nouv. édit. 1818.)

Lettres à mon fils sur les causes, la marche et les effets de la révolution française, par M. *Taillandier*, président du tribunal civil de Sens. 6 fr. — 7 fr. 60 c. (*Paris, juin* 1820.)

Loi du Budget des Recettes de 1820, suivie des dispositions textuelles de chaque article de la loi concernant les contributions directes, avec l'exposé de leurs motifs, les discussions auxquelles elles ont donné lieu dans la Chambre des Députés, et les instructions du Ministre des finances pour leur exécution; par *J. G. Dulaurens*, directeur des Contributions directes du département du Rhône, Chevalier de l'ordre royal de la Légion d'honneur, 1 vol. in-8°, 2 fr. 50 cent. — 3 fr.

Lois et Décrets sur la nouvelle organisation de l'ordr judiciaire, 1 vol. in-8°. 2 fr. 4o c. — 3 fr.

Manuel alphabétique des Maires, de leurs adjoints et des commissaires de police, comtenant le texte ou l'analise des lois et règlemens relatifs à leurs fonctions, avec des formules de différens actes, par M. *Dument*, 2 vol. in-8°. 12 fr. — 16 fr.

Manuel des Agens de change et des Courtiers de commerce, contenant les lois anciennes et nouvelles sur les fonctions, les droits et les devoirs de ces officiers publics, etc., par *L. Rondonneau*, 1 vol. in-8°. 2 fr. 5o c. — 3 fr. 25 c.

Manuel des Arbitres, avec les formules, par *Boucher*, 1 vol. in-8°; 7 fr — 8 fr. 5o c.

MANUEL DES COMMISSAIRES-PRISEURS, institués par la loi sur les finances, du 28 avril 1816, ou Recueil des lois, décrets, arrétés, avis du conseil d'état, ordonnances du Roi et règlemens concernant leurs fonctions, attributions, dettes, droits et cautionnemens; nouv. édit., in-8°. 1 fr. 5o c. — 1 fr. 75 c.

MANUEL DES CONTRIBUABLES, ou Recueil contenant les lois, ordonnances et instructions ministérielles concernant les contributions directes, à l'usage des préfets, sous-préfets et maires, pour la répartition des contributions, etc., par M. *Dulaurens*, 1 vol. in-8°. 4 fr. — 5 fr. (1819.)

Manuel des Experts en matière civil, avec des modèles de rapports, 1 vol. in-8°, 6 fr. — 7 fr. 70 c.

Manuel des Gardes-Champêtres, des Gardes-forestiers et des Gardes-pêche, avec des formules de rapports et de procès-verbaux; nouvelle édition, 1 vol. in-12. 1 fr. 5o c. — 2 f.

Manuel des Propriétaires et Locataires, in-12, 1 fr. 25 c. — 1 fr. 5o c.

Manuel des Tribunaux et des Arbitres en matière de commerce et de manufacture, avec les règles concernant les contraintes par corps, l'emprisonnement, la mise en liberté, les gardes du commerce, etc., par M. *Lavaux*, 1 vol. in-12. 3 fr. 75 c. — 4 fr. 5o c.

Manuel pratique et élémentaire des poids et mesures et du calcul décimal, 10ᵉ édition, par M. *J. A. Tarbé*, 1 vol. in-8°. 6 fr. — 7 fr. 5o c.

— *Le même*, 1 vol. in-18. 2 fr. 5o c. — 3 fr. 25 c.

MANUEL LÉGAL DES MÉDECINS, CHIRURGIENS et PHARMACIENS;

nouvelle édition , considérablement augmentée , 1 vol. in-12.
2 fr. 50 c. — 3 fr. 25 c. franc de port (1820).

Manuel rural et forestier, ou Recueil des lois , arrêtés , décrets ,
règlemens d'administration et ordonnances du Roi , publiés
depuis 1789 jusqu'à ce jour, sur l'agriculture, les bois de l'État,
des établissemens publics et particuliers , les canaux , la chasse ,
les chemins publics et vicinaux , les droits de parcours, etc. ;
par *L. Rondonneau*, 1 fort vol. in-8°. 6 fr. — 7 fr. 50 c. (1819.)

Nouveau Guide épistolaire, ou Modèles de lettres sur toutes sortes de sujets , 1 vol. in-12. 1 fr. 50 c. — 2 fr. 5 c.

Nouveau Manuel des Notaires, ou Traité théorique et pratique
du notariat, par *J. P. P. et J. B. T.* avocats , 1 fort vol. in-8°.
8 fr. — 10 fr. 75 c. (1818.)

Nouveau Manuel des Propriétaires et Locataires des maisons ,
fermiers et usufruitiers, par M. *Ruelle*, 1 vol. in-8°. 6 fr. —
7 fr. 50 c.

Nouveau Style, ou Manuel des huissiers, contenant des instructions et des formules pour les divers actes de leur ministère, et
l'analise des lois relatives à leurs fonctions, etc. , par l'auteur
du *Manuel des Maires*, 1 vol. in-12, 3 fr. 50 c. — 4 fr. 50 c.

OEuvres complètes du Chancelier d'Aguesseau, nouvelle édition
de 1820, augmentée de pièces échappées aux premiers édi-
teurs, etc., 16 vol. in-8°. 112 fr. , pris à Paris.

Ordonnance de Louis XIV, de 1672, sur la navigation et le
commerce , 1 vol. in-18. 2 fr. — 2 fr. 50 c. — Rel. 2 fr. 75 c.

Recueil des lois, arrêtés, décrets et ordonnances, sur le tarif
du poids des voitures de roulage , leur chargement et la police
du roulage, suivi du tableau comparatif de la mesure des jantes
et des poids de chargement, etc., in-4°. 1 fr. 75 c. — 1 fr. 90 c.
(1820.)

Recueil des lois sur les successions, donations, testamens, parta-
ges et substitutions, pendant la législation intermédiaire, depuis 1790 jusqu'au Code civil , in-4°. 3 fr. — 2 fr. 25 c.

Recueil sur le recrutement, les appels et les remplacemens de
l'armée, contenant la loi, l'ordonnance du Roi et les instructions ministérielles y relatives , in-8°. 4 fr. — 4 fr. 50 c.

Rapports des nouveaux poids et mesures avec les anciens des diverses provinces de France et ceux de tous les pays, précédés
d'un exposé sur le système métrique, et suivis *des calculs d'intérêts simplifiés ;* tableau au moyen duquel on trouve l'intérêt

de toute somme, à tel nombre de jours et à tel taux d'escompte
que ce soit, par une seule multiplication, par *Soulet ;* 1 vol.
oblong. 6 fr. — 7 fr. 50 c.

Table générale par ordre alphabétique de matières, des cinq
Codes, 1 vol. in-8°. 5 fr. — 6 fr. 50 c.

— *Le même*, in-12. 4 fr. — 5 fr. 25 c.

Traité de l'usufruit, de l'usage et de l'habitation, par M. *Salviat*,
2 vol. in-8°. 8 fr. — 10 fr. franc de port.

Traité des Changes et Arbitrages, par M. *Soulet d'Uzerche*,
3e édition (*Paris*, 1820.). 1 vol. in-8°. 8 fr. — 9 fr. 50 c.
franc de port.

Traité des Contrats et Obligations en général, suivant le Code
civil, par *Duranton*, professeur à la faculté de Droit de
Paris, 4 vol. in-8°. 24 fr. — 30 fr. franc de port. (1819.)

Traité des délits, des peines et des procédures en matière
d'Eaux et Forêts, ou Analise méthodique et raisonnée des lois,
arrêts, règlemens et décisions, concernant les délits forestiers,
les délits de chasse dans les bois, et de pêche dans les fleuves
et rivières, par M. *Dralet*, 3e édition (1818), corrigée et
augmentée, 1 vol. in-12. 3 fr. 50 c. — 4 fr. 50 c.

Traité de la Législation Civil et Pénal, par *Jérémie Bentham*,
traduit sur les manuscrits de l'auteur, par *Et. Dumont*, 2e
édition, 3 vol. in-8°, 18 fr. — 24 fr.

Traité des Faillites, faisant suite au Manuel des Tribunaux, par
M. *Lavaux*, 1 vol. in-12. 2 fr. 50 c. — 3 fr. 25 c.

Traité des Nullités de droit, en matière civile, par M. *Perrin*,
1 vol. in-8°. 5 fr. — 6 fr. 50 c. franc de port.

Traité du Voisinage, par M. *Fournel*, nouvelle édition, 2 vol.
in-8°. 12 fr. — 15 fr.

Souscription jusqu'au 1er *novembre prochain.*

Traité des Obligations commerciales, par M. *Lavaux*, Avocat
aux conseils du Roi, etc., 2 vol. in-8° de 600 pages, 12 fr.
pris à Paris, et 18 fr. franc de port par la poste.